모든 나무에 꽃 피던 날

모든 나무에 꽃 피던 날

승려시인 **도정** 지음

조계종
출판사

일 년 열세 달

매화나무 베기

눈이 쌓여 있었다

일 년 열세 달

길에서
총각무를
주웠네

새해가 되면 해맞이를 하면서 우리는 희망을 말한
다. 해맞이를 하러 부러 산에 오르거나 바다를 찾
아 추위에 발을 동동거리면서 일출을 기다리곤 한
다. 드디어 어둠을 밀어내는 먼동이 트고, 애타게 기
다리던 붉은 태양이 떠오르면 사람들은 환희에 차서
탄성을 자아낸다. 그리고 새해에는 바라는 일들이
원만히 이루어지기를 두 손 모아 기도한다.

　새해 첫날 떠오르는 그 붉고도 이글거리는 해를
바라볼 때마다 나는 방금 낳은 따뜻한 달걀에서 노
른자만 꺼내놓은 것 같다는 생각을 일으키곤 한다.
놓아먹이던 토종닭이 깔아놓은 볏짚에 알을 낳으면,

할머니께서는 그때를 기다렸다가 젓가락으로 계란 양쪽에 구멍을 내고는 금덩이보다 귀한 손주의 코를 훔치며 입에 대고 쪽쪽 빨아먹게 했던 추억이 떠오른다.

어쩌면, 태양이라는 것은 우주라는 껍질 속에 담겨 있던 튼실하고 싱싱한 노른자가 아닐까 생각한다. 달걀흰자가 노른자위의 영양분으로 존재하듯이, 새해를 맞아 우리는 태양으로부터 희망이라는 영양분을 섭취하는 것은 아닐까 생각한다. 그래서 이 지구에 깃들어 사는 우리에게 태양은 삶의 자양분이자 희망의 근원이다.

새해의 희망은 개인적 행복 추구를 말하는 것일 수도 있고, 사회 정치적 희망을 말하는 것일 수도 있다. 개인적 희망일 경우에는 이기심에 바탕을 둔 욕망이 아니길 바라며, 사회 정치적 희망은 더불어 행복한 세상을 꿈꾸는 것이라면 정말 좋겠다.

어쩌면 희망을 말하지 않아도 좋은 사회가 정말 희망 가득한 세상일 것이다. 아마, 중국의 요순시대에는 가능했을 것 같다. 오늘날에는 전 세계 국가들 가운데 국민이 가장 행복한 나라로 손꼽는 스웨덴

정도면 고개를 끄덕일 수도 있겠다.

요즘 우리 사회와 정치 현상에 희망이 짓밟히는 일들이 생길 때마다 희망이라는 말이 새삼 절절한 심정으로 다가온다. 그래서 딱히 희망을 말하지 않아도 마음에서 마음으로 모두가 희망을 체감하고 동감하는 세상이면 그저 좋겠다.

씨를 심고 물을 주면 싹이 저절로 자라듯 작위와 조장이 없는 희망이면 좋겠다.

물이 낮을 곳을 다 채우고 바다로 흐르듯이 먼저 낮은 곳에 희망이 가득 찼으면 좋겠다.

누군가 지극히 내 개인적인 희망이 무엇이냐고 물을 수 있기에 지난 입동에 즈음하여 끄적거린 글로 답을 대신하고자 한다.

길에서 총각무를 주웠네

는개 내리는 어두운 밤길도 홀로 걸어봄직 합니다. 뜻하지 않게 희망을 줍는 경우가 있기 때문이지요. 가련하고 불쌍한 청승이라기보다 어떤 농군이 길에 떨어뜨리고 간 보석 같은 희망을 주웠습니다. 길 가운데 비 맞고 누운 총각무 하나, 그 시퍼런 잎사귀는 분명 희망이었습니다. 는개 속 우산도 쓰지 않은 중이 내일 아침은 뜨겁게 챙겨먹어야겠디는 생각을 일으키는 희망입니다. 얇게 썰어 들기름에 들들 볶아 버섯육수를 넣고 끓여야겠다고 모셔가는 희망입니다. 돌아오는 어두운 밤길 논두렁 가에 핀 쑥부쟁이꽃이 입동을 앞두고 비에 젖은 채 아직 화사한 웃음을 잃지 않는 이유입니다.

짐을
부려놓다

한 짐 내려놓는다는 건
다시 한 짐을 지는 일이네
나무를 한 짐 부려놓고 알아차리네
하늘에서 눈이 날렸네
하늘도 한 짐 부려놓는 중이었네.

연일 겨울답지 않은 겨울이 이어지다 1월 중순이 넘
어서야 폭설이 내렸다. 이곳 따뜻한 남쪽지방 산골
짝에도 눈은 소복하게 내렸다. 온다는 기별이나 주
시지, 눈은 밤새 소리 소문도 없이 내렸다. 새벽녘
에 문을 열자 첫 발자국을 찍은 건 강아지인 행복이

와 우리다. 섭섭하였다가 다행이라고 마음을 고쳐먹는다. 이들이 아니면 캄캄한 밤에 누가 먼저 반겼겠는가. 잔칫집 마당에서 뛰어노는 아이처럼 행복이와 우리에게는 모든 것이 새롭고 흥겹다. 작년 9월에 나서 처음 맞이하는 백설의 잔치다.

한동안 이 겨울답지 않은 겨울로 인해 매화가 피지를 않나, 진달래도 피었다는 소식을 SNS에서 받았다. 하지만 산골짝에서 화목난로와 기도에 의지해 사는 나 같은 중에게는 겨울나기가 한결 쉬워 반가운 일이다.

내가 사는 집은 말 그대로 비닐하우스다. 묵정논에 비닐하우스를 치고, 안에 패널로 칸을 질러 방을 넣었다. 아미타부처님을 한 분 모시고 산다. 형편상 바닥 난방은 처음부터 포기했다. 다행스럽게도 몇해 전 도반에게서 얻은 화목난로가 있어 산에서 나무를 해 때며 그 훈기로 겨울을 난다. 하지만 나는 출가를 하면서부터 언제나 꿈꾸었던 삶이 있었고, 그런 삶을 사는 중이니 행복하기 그지없다.

우리는 '사랑만 하기에도 시간이 부족하다'는 말을 이미 알고 있다. 하지만 우리에게 주어진 짧은 삶을 어찌 그리도 허망하게 보내는지 모르겠다. 늘 삶이 란 우리가 생각하는 것보다 길지 않다는 것을 생각 한다. 특히 나 같은 경우, 속가의 가족력을 이어받았 을 터라 인생이 더욱 짧을 것이라 생각한다.

기왕에 중이 되었으니, 모든 중생을 향한 넓은 사 랑을 하고 싶다. 그리하여 갈 때는 들꽃처럼 핀 적 없듯 갔으면 좋겠다. 그런데 이런 생각의 실천은 늘 제자리를 맴돈다.

사실 중생은 이미 중생이 아니다. 그냥 『금강경』 에 나오는 틀에 박힌 말이 아니라, 내 삶의 체험이기 도 하다. 이 못난 중에게 공양을 올려주시고, 때때로 필요한 것을 공급해주시는 불자님들을 뵈올 때마다, 그분들이야말로 진정한 보살의 화현이며 때론 천백 억으로 나투신 부처님의 모습임을 절감하곤 한다.

살면서 당연한 듯하면서도 당연한 것은 없다. 특 히나 사랑이란 그렇다. 받는 것을 당연히 여기는 것 이 사랑일리 없다. 오히려 주는 것이 당연한 사랑이 고, 수행자의 삶이다. 나는 그 사랑을 실천하고 있을까.

베품과 사랑은 불교용어로 보시와 자비이다. 나는 언제 그처럼 남에게 무주상으로 베푼 적이 있었던가? 늘 부끄러움에 몸 둘 바를 모르겠다.

겨울을 건너기 위한 화목난로 땔감을 하면서, 힘들고 지친 이들에게 "내려놓으세요" 하고, 쉽게 말한 적은 없는지 나를 되돌아본다. 한 짐 내려놓는다는 건, 다시 한 짐을 지는 일임을 절절하게 동감하는 일이 사랑일 것이기 때문이다. 오늘도 나의 나머지 숙제는 사랑이 10이다.

행복아, 우리야,
보물로
뭐하니?

바람은 바람의 보물을 사용하여 불고
비는 비의 보물을 사용하여 만물을 적신다
모두가 보물을 지녀 제 빛을 낸다.

함께 사는 행복이와 우리는 족보 있는 풍산개다. 두
녀석 다 강아지 티를 막 벗고 있어 먹성도 좋다. 장
난도 한창 심할 때라서 신발을 물어뜯어 놓고, 풀숲
도 마다 않는다. 온몸에 도깨비바늘을 달고 다니는
건 예삿일이다. 넘치는 에너지를 주체 못해 서로 쫓
고 쫓기며 온 도량을 헤집어놓는다.

　글을 써서 생기는 한 달 내 수입이 30만 원 정도인

데, 강아지 사료비가 10만 원 정도 든다. 좀 부담스러워 밥찌꺼기나 줄까 하다가 성장발육에 문제가 생길까봐 영양이 골고루 섞인 사료를 사다 먹인다.

사료를 사면서 이번에는 개껌도 두 개 샀다. 선물인 셈이다. 두 녀석 다 잇몸이 간지러울 때라서 뭐라도 물어뜯고 싶은 시기다. 녀석들은 비닐하우스 문틀을 씹거나 발톱으로 긁기도 한다. 덕분에 내 생활 터전인 비닐하우스에 머리가 드나들 정도로 큰 구멍이 생겼다. 뭔가 씹을 것을 주지 않은 탓이다.

개껌을 주고 살펴보니, 수컷인 우리가 보물처럼 두 개를 다 차지하고 앉았다. 사이좋게 나눠먹으리라는 내 예상은 한참 빗나갔다. 하나를 뺏어 행복이한테 주면, 우리가 자기 건 내버려두고 행복이 것을 다시 뺏어 먹기 반복한다. 우리의 욕심이 이만저만이 아니다. 지켜보다 못해 우리를 옆에 끼고 앉아 법문을 설했다.

"우리야, 넌 왜 그리 욕심이 많으냐. 네 몫 하나 먹으면 되었지, 행복이 먹던 것까지 뺏어 먹어야 속이 시원하냐. 다음 생에는 사람으로 나고 싶은 생각이 없는 것이냐. 오드리 헵번은 하루 한 끼를 먹으며 아프리카의 굶주린 아이들을 구제하는 데 헌신했다더라. 그렇게 욕심을 자꾸 부리다 다음 생에도 개로 태어나면 어쩌려고 그러느냐. 털북숭이 가죽을 덮어쓰고, 손도 없이 입으로 핥아 먹으며, 더우면 더워서, 추우면 추워서 고통스런 삶이 싫지도 않더냐. 허구한 날 진드기에 물리고, 제대로 씻지도 못하잖느냐. 청각과 후각은 예민해서 밤잠을 설치고, 하고픈 말도 제대로 못해 짖는 게 고작인 개의 몸이 그렇게도 좋으냐. 좀 양보하면서 살면 안 되겠느냐. 다음 생에는 사람으로 나서 불법이라도 만나면 얼마나 좋겠느냐."

우리를 붙잡고 한참을 이야기하다 보니 알아들었다는 것인지, 설법이 마뜩찮아 자기를 그만 놓아달라는 것인지, 내 얼굴을 핥고는 도망친다. 그러고는 사람으로 태어나는 그까짓 거는 안중에도 없다는 듯 다시 돌아와 행복이가 씹던 개껌을 빼앗는다. 행복이는 개껌을 기어이 빼앗기고, 지금까지 나의 설법은 헛일이 된다.

우리의 본능을 어쩌지 못한 채 방에 들어와 생각을 한다. 하긴, 사람이 개보다 잘난 구석이 별로 없다. 살면서 짖고, 싸우며, 물어뜯을지언정 개는 남을 기만하는 법이 없다. 없으면 없는 대로 살지언정, 남과 비교해서 없는 것으로 인해 괴로워하는 법도 없다. 그러니 사람으로 사는 게 하찮은 일이겠다. 하루를 살아도 사람처럼 살지 않는 것이 개의 사는 보람일 수도 있겠다. 개로 살지언정 1프로가 99프로의 부를 독점하는 낯 두껍고 뻔뻔한 인간으로 살기를 어찌 바라겠느냐고 내 얼굴을 핥은 것이다. 이렇게 되고 보니 내가 우리를 붙잡고 설법을 한 게 아니라 우리가 나를 붙잡고 설법한 게 되고 만다.

봄날의
단상

마을 어귀마다 매화가 만개했다. 비닐하우스 법당 옆 산에도 춘란이 지천이다. 욕심을 부려 춘란꽃대 올라온 네 뿌리를 캐다 화분에 옮겨 심어 아미타부처님 전에 두었다. 몇 날이 못 되어 곧 난꽃이 피었다. 새벽예불문을 '난향, 봄향, 해탈향, 해탈지견향'으로 바꿀까 생각해보고 혼자 웃는다.

　연일 봄비 날리고 흐려 밤하늘에 별이 보이지 않던 날이었다. 땔감이 젖어 화목난로에 불이 자주 꺼졌다. 추운 것보다 나무가 헤플까 싶어 불문을 닫아놓은 탓이다. 잠시 선잠에 빠졌다 새벽에 이르자 올해 첫 휘파람새의 울음소리 들렸다. 어둠을 발라내는 날카로운 소리에 뼈가 조금 시렸다. 새벽예불을 올린 뒤 이내 날이 밝아 개 두 마리를 앞세우고 문중 무덤들을 지나 산길 포행을 나섰다. 저 무덤들 속 옛 사람들도 가는 길에는 뼈가 시렸을까 궁금하였다. 정작 채워야 할 곳을 모르면 겁파劫波의 광풍이 뼛속에 드는 법이다.

시절은 봄이건만 새벽서리가 아주 그친 건 아니었다. 이내 동이 트자 산에 핀 생강나무꽃이 눈에 들었다. "봄은 봄이로구나." 짧은 감탄사가 다시 흘러나왔다. 뒷산 정상으로 향하는 오솔길, 그 옆에 천년도 더 넘었을 참나무는 속이 텅 비어버렸다. 나이를 먹는다는 건 이렇게 비우는 것인가 보다. 속은 비었어도 가지는 역력히 살았다. 산새들이 하도 조잘거려 시끄럽다 하였더니, 아침부터 그 빈속에 하소연하고, 공음의 답을 듣는 중이었다. 산 너머 모처럼의 밝은 햇살을 만끽하는 아침 포행이다.

마을에서 족히 2킬로미터는 떨어진 후미진 시골구석에 중이 혼자 사는 일은 고즈넉하기도 하지만, 할 일이 제법 많다. 농사준비도 해야 한다. 더덕 씨앗은 모판에 미리 뿌려두었고, 열무씨도 뿌렸다. 거름을 가져다 호박 구덩이를 만들어야 하고, 박도 심어야 한다. 고추며 오이, 가지, 토란 등도 심어야 한다. 작년 늦가을 이곳 묵정논에 비닐하우스를 치고 들어와 살면서 맞이하는 첫 번째 봄이다. 그러니 묘목도 새로 심어야 한다. 나무시장에 가서 사다놓은 매실나무, 감나무, 포도나무, 사과나무 등의 과실수를 도랑에 둘러 심었다. 산에는 가시오가피, 두릅나무도 심었다. 그래야 내년 봄부터 새잎이며, 순을 따서 반찬거리라도 한다. 베어놓은 참나무에 표고버섯 종균 심기는 이미 마쳤으니 한시름 놓는다.

밤과 새벽은 추워도 낮이면 봄볕이 따뜻하다. 함께 사는 강아지 행복이와 우리는 온몸으로 봄볕을 읽고, 나는 두 녀석들의 온몸을 손끝으로 읽는다. 봄볕에 몸이 늘어질 때가 몸을 읽기에는 좋다. 내 손이 귀찮아도 이때라야 별 반응을 안 보인다. 다리를 잡고 좌로 돌렸다, 우로 돌렸다 해도 가만히 있다. 나는 손끝으로 강아지들의 몸을 수색한다. 오늘도 좁쌀만 한 진드기를 몇 마리 잡았다. 어떤 놈은 젖꼭지 옆에 붙어 피를 빨아먹기도 하고, 귓등에 숨어 있는 놈도 있다. 나는 발바닥과 발가락 사이까지 샅샅

이 더듬어 진드기를 박멸한다. 진드기를 다 잡고 나면 녀석들의 입도 벌려보고, 녀석들의 부끄러운 곳도 살펴본다. 그리고 빗으로 빗겨주면 끝이 난다. 봄볕은 너나 나나 할 것 없이 여유롭고도 따스하다. 풍경소리도 봄볕을 받으면 음악처럼 들린다. 마음도 따듯하면 그러하다.

바람 같은
시절

일이 터질라 치면 한꺼번에 터진다. 좋은 일도 그러하고 나쁜 일도 그러하다.

좋은 일이 나쁜 일에 이어 오기도 하고, 나쁜 일이 좋은 일에 이어 오기도 한다.

그러니 좋은 일이 꼭 좋은 일만은 아니며, 나쁜 일이 나쁜 일로 그 끝을 맺는 것도 아니다.

중이라서 그런지 경제관념이 둔해 시골구석 묵정논을 비싼 값에 사고, 집을 지을 형편이 못 되어 비닐하우스를 치고 부처님을 모시고 산 지 6개월이 지났다. 인적 드문 곳에 그렇게 살아도 지난 동지 때는 젊은 스님이 오셨다는 소문이 아랫마을에 퍼져 스무

명 안팎의 불자님들이 몰려오셨더랬다. 다행이 팥죽을 넉넉하게 끓였기에 부족함은 면했었다. 그러구러 이번 부처님오신날에도 마을 사람들이 대거 오겠다는 소식을 들었던 차다.

그런데 일이 터지고 말았다. 누군가 비닐하우스에 사람이 거주한다고 군청에 고발을 한 것이다. 사람들이 몰려오니 이웃 절에서 고발했다는 말도 있고, 개인이 고발했다는 말도 있지만 그런 건 중요하지 않다. 알았든 몰랐든 불법이라니, 모두 내 잘못이다. 군청직원이 하는 말이 비닐하우스는 불법이 아니지만 주거를 하게 되면 불법건축물이 된단다.

어설프게 만든 비닐하우스 내부시설을 뜯어냈다. 힘겨운 작업에 며칠 몸살을 호되게 앓았다. 마음도 무거웠다. 이제 갈 곳이 없었기 때문이다. 겨울은 나고 길바닥에 나앉는 것이니 이것도 큰 복이라 여겼다. 그러다 기도 덕분인지, 가까운 면소재지에 오랫동안 비어 있던 건물이 있어 포교당을 하기로 마음먹고 거저 얻다시피 월세계약을 했다. 이제 페인트칠을 하고 내부시설도 간소하게 하여 부처님을 모시고 가야 할 상황이다.

이런 우여곡절 중에도 봄은 봄인지라 산에는 고사리가 앙증맞게 기지개를 펴고, 오가피나무순이 지천이다. 그래서 선약을 한 일일 고사리 템플스테이를 열었다. 비닐하우스 법당에서 열리는 일일 고사리 템플스테이에 부산과 창원에서 몇몇 아는 불자님들이 참여를 해주셨다.

템플스테이라고 해봤자 대접할 것은 거의 없다. 텃밭에 자라는 상추와 봄동, 도랑 곳곳에 널린 머위 잎을 따서 된장에 쌈 싸먹고, 커피나 한잔씩 대접하는 게 고작이다. 그래도 여럿이 함께 먹는 점심공양이라 쌈은 거의 꿀맛에 가깝다.

고사리를 꺾어보는 일이 처음인 분들이 대부분이다. 그러니 고사리 밭이 따로 있지 않아 산에서 찾아 꺾는 고사리가 잘 보일 리 없다. 가시덤불도 걷어야하고, 마른 풀도 뒤적거려야 한다. 나는 고사리가 많은 곳을 일일이 안내하고, 오가피 순이 어떻게 생겼는지도 알려줘야 한다. 산에 가시두릅도 제법 많은 편이다. 가시 때문에 순을 따기가 쉽지 않음에도 즐거운 기운이 얼굴마다 그득하다. 사람 사는 것 같은 봄날의 왁자함에 다들 어깨가 들썩거리고 발걸음도 가볍다.

템플스테이가 끝나고 다들 돌아간 뒤에도, 나는 여전히 산 아래 곧 이사해야 할 비닐하우스에 홀로 거처하는 중이다. 봄볕을 맞으며 밖에 앉았노라니 짧다면 짧은 시간 동안 무척 많은 일들이 벌어졌지만 한낱 매운 꽃샘바람이 분 것처럼 느껴진다. 나쁜 일도 한때의 바람 같고, 좋은 일도 한때의 바람 같다. 산에 핀 진달래며 봄바람에 몹시 흔들리던 나뭇가지에서 새로 돋은 순을 보며 늘 제자리로 돌아오는 마음도 함께 볼 수 있어 다행 중 다행이다.

기도의
다른 말

사람이 사람 되어간다는 건
사랑한다는 것이지요.

사람에 대한 사랑만큼
사람이 사람 되는 것이지요.

삶이라고 합니다.
기도의 다른 말입니다.

사랑하는 마음은 기다림에 설렘을 더불어 갖는 일인
듯하다.

일 년 열세 달

일을 마치고 차로 두 시간 달려와서 새벽 1시까지 나물을 삶고, 양념을 하고, 식혜를 만들었던 분들이 계시다. 그리고 새벽에 일어나 다시 밥을 하고 50인분의 식탁을 차리고 기다리셨다.

물론 개원한 지 일주일 된 포교당에 얼마나 많은 분들이 오시겠는가. 비닐하우스 법당 아랫마을 분들은 오고 싶어도 버스도 없는 시골에 사시는 데다 대부분 연세 지긋한 분들이시라 오시지 못했다.

멀리 타 지역에서 이 못난 중을 한번쯤 만나려고 오신 분들이 대부분이고, 전부 해서 십여 분밖에 안 오셨지만, 법회에 얼마나 많은 사람이 참석했는가는 중요하지 않다. 내게는 출가한 뒤 가장 적은 인원이 참석한 부처님오신날 행사였지만, 마음은 전혀 위축되지 않았고 평안하고 뿌듯했다. 수고를 아끼지 않았던 다섯 분의 정성이면 이미 법당은 보살심으로 만원사례다. 온갖 신중들이 함께 즐거이 참여한 대법회였으니까.

오신 분들께 나눠주고 남은 떡은 가까운 이웃들께 찾아가 공양을 올렸다. 사랑은 결과에 연연할 필요가 없는 지극정성 그 자체로 충분하다.

한편, 부처님오신날 연등을 단다는 것은 부처님을 기꺼이 반기는 마음의 표시다. 또한 내 마음에 지혜의 불을 켜는 일이자 중생을 향한 보살의 열렬한 사랑의 증거다. 그러니 기꺼이 보살심으로 준비한 정성 외에 무얼 더 바랄 게 있었을까.

사람이 사람 되어간다는 건 사랑한다는 것이리라. 사람에 대한 사랑만큼 사람이 사람 되는 것이리라. 삶이라 부르는 것이리라. 그리하여 삶의 다른 이름을 나는 기도라고 부르고 싶다.

부산에서 합천 삼가까지 오셔서 온몸으로 보살도를 행하신 다섯 분께 마음 깊은 존경의 합장을 올린다.

비닐하우스 내부를 철거하고 급히 자리를 구해 부처님오신날을 넘긴 면 소재지 포교당은 조용하다. 밖에는 시장과 시외버스 정류장이 인접하고 식당들이 있어 다소 번잡한 기운은 있지만 내부는 조용하다. 기실 마음이 평안한 것이리라.

아침 햇살 비껴 들어오는 넓은 창, 군데군데 찻물 든 다포, 찻잔 하나, 창가에 새 지저귀는 소리……한 모금, 두 모금, 차를 마시며 뭔가 특별한 것을 해야 할 것 같지도 않고, 특별히 좋은 일이 생겨야 할 것 같지도 않은, 나를 조용히 내버려두는 시간이 좋은 자그만 포교당이다.

다만, 비닐하우스를 지키는 행복이와 우리가 걱정될 뿐이다. 행복이와 우리는 늘 기다리는 중이다. 매일 비닐하우스에 갈 때마다 꼬리를 흔들며 달려와 내가 차에서 내리면 달려들어 핥아댈 만반의 준비를 하고 있다. 따분하면 둘이서 산에도 곧잘 돌아다니나 보다. 자주 씻기는데도 어쩔 때는 주인 없는 개들처럼 풀씨며, 흙이 잔뜩 묻어 있다. 이럴 땐 두 녀석을 잡아다 목욕을 시킨다.

우리는 사내녀석이라고 느긋하고 의젓하지만, 암놈인 행복이는 찬물이 못마땅한지 요리조리 물을 피해 엉덩이를 돌려댄다. 그도 시원찮으면 머리부터 꼬리까지 몸을 흔들어 나를 흠뻑 적셔놓고야 만다. 마른 수건으로 털의 물기를 닦아주고 사료를 챙기고 뒤돌아 나오는 길은 늘 미안함으로 얼룩진다. 요사채를 지을 때까지 행복이와 우리를 누군가 해코지만 하지 않았으면 좋겠다.

휴식의
삶이 좋아

포교당에 살면서 비닐하우스 도량에 매일 가게 된다. 행복이와 우리가 있어서 사료를 챙겨줘야 할 뿐만 아니라 작은 집이라도 짓고 평생 살 도량인지라 땅을 밟아줄 일이기 때문이다.

사람들은 깨끗하고 쾌적한 환경을 선호하여 도심의 삶을 원하지만, 나는 늘 시골이 좋다. 특히 비닐하우스 도량은 사방 5리 안에 인가가 없어 한적하고 평화롭다. 한번씩 도량에 가서 예초기로 풀을 치고 난 뒤, 땀에 흠뻑 젖은 몸을 밖에서 발가벗고 씻어도 흉볼 이 하나 없다. 푸성귀를 가꾸다가 아랫배가 살살 아프면 삽 한 자루 들고 산으로 가서 일을 보아도

거리낌 없으니 좋다.

물론 불편한 점도 있다. 우선, 비닐하우스 도량은 마을과 멀어서 전기선은 들어오지만 전화선이 들어오지 않는다. 그러니 인터넷선도 들어올 리 없다. 전화국에 몇 번 요청했지만, 전신주를 따로 세워야 하기 때문에 비용이 너무 많이 들어 인터넷선을 연결해줄 수가 없다고 한다. 그러니 휴대용 무선 와이파이를 써서 메일도 보내고, 간단한 인터넷 검색이나 SNS 포교를 하게 된다.

누군가 비닐하우스에 사람이 산다고 신고를 하는 바람에 도량에서 쫓겨나다시피 하여 지금의 포교당을 개원했지만, 곧 비닐하우스 도량 자리에 작은 요사채를 지을 참인지라 여전히 느려터진 무선 와이파이를 통해 사람들과 소통을 하며 살고 있다.

포교당이 면 단위의 작은 시골인지라 찾아오는 불자님이 없다. 하루 종일 있어도 예불과 기도를 하고, 책을 읽고, 글을 쓰는 일 외에는 딱히 시간 보낼 거리가 없다. 그래도 SNS를 통해 하루 수백 명의 사람들에게 부처님 법을 전할 수 있다는 것에 스스로 위안을 삼는다. 내 글에 '좋아요'를 눌러준 사람만 하루에 수백 명이기 때문이다.

인터넷이 일상화된 시대에 살면서도 국내외를 아울러 하루에 수백 명의 사람들이 공감하는 글로 불법을 전하는 이는 여전히 드물다. 그리고 보면 나는 이미 세계에서 가장 큰 법당을 가진 법사다. 외형적으로 근사한 사찰의 주지가 아니고, 수십 명을 대동하고 다니는 유명한 스님도 아니지만, 이만하면 승려가 되어 법을 펼치는 데 부족함이 없다. 오히려 차고 넘치는 SNS 세계를 가진 것이리라.

전 세계 수십 명의 불자님들이 부처님오신날 등을 달고, 기도에 동참하시니 늘 감격스러운 신심을 맛보기도 한다. 여기에 큰 외형적 불사의 욕심마저 갖는다면 아마 진짜 욕심이 될 것이다. 그러니 자연과 벗 삼아 착한 심성 닦으며 전할 수만 있어도 출가한 승려시인으로서의 역할은 하고 사는 일일 것이다.

시골의 일상 하나를 소개하면 이렇다. 비닐하우스 도량으로 차를 몰아 가다보면 일차선 농로에서 자주 만나는 게 경운기다. 매일 마을에 사는 노부부의 경운기를 만난다. 할아버지께서 경운기를 운전하고, 할머니는 뒤에 앉아 함께 밭으로 간다. 느리기는 이루 말할 수 없지만, 이럴 때는 경운기를 앞질러 갈 생각이 없다. 경적도 울리지 않고 시골길을 조용히 뒤따라간다. 혹시나 뒤따르는 차 때문에 갓길로 경운기를 피해주려다 사고가 발생할 수 있기 때문이다. 무작정 1킬로미터든 2킬로미터든 탈탈거리는 경운기를 따라가다 보면 느리게 간다는 것이 더없이 정겹다. 토막잠 같던 피곤한 삶이 느긋한 휴식을 끝낸 뒤 산새소리 들으며 기지개를 켜는 듯하다.

수의 한 벌
입고
산다네

경남의 작은 시골마을에서 꽃상여가 나갔다.

마을 청년들이 상여를 매고, 상주는 지팡이를 짚고 삼베옷을 입고 뒤따랐다. 머리에는 삼베로 짠 관을 썼다. 직계가족인 여성들도 검은 치마저고리, 흰옷을 입고 상여를 따랐다. 옛날처럼 상여머리에서 요령소리와 구슬픈 만가를 들려주던 상여 소리꾼은 없었다. 상여를 매고 가던 상여꾼들의 후렴으로 넣는 구슬픈 상엿소리도 없지만, 흔들리는 꽃상여 곱기는 예나 지금이나 다름이 없다. 상갓집 사람들은 마을 어귀에서 노제를 지내며 고인이 살았던 이생과의 작별을 대신 고하고, 선산으로 힘겨운 걸음을 옮겼다. 바람에 앞서가던 붉은 깃발이 펄럭였다.

전남 진도에서는 사람이 죽으면 잔치를 벌였다고 한다. 상갓집에서 잔치처럼 돼지를 잡고, 술을 내면 마을 사람들은 북장단과 장고가락에 맞춰 춤도 추고, 꽹과리도 울렸다고 한다. 사람들은 슬픔 속에서 오히려 흥을 일으켜 망자나 남은 가족들을 위로했을 터였다. 이제는 보기 힘든 독특한 장례문화가 되었다.

도반에게 꽃상여를 보았다는 이야기를 했더니, 자신도 속가의 부모님을 위해 며칠 전 수의를 장만해 드렸다고 한다. 살아계실 적에 수의를 해드리면 오래 사신다면서 환히 웃는다. 출가한 수행자지만 자식의 도리인 부모님 걱정마저 아예 놓고 살겠는가. 이 또한 지극한 보살심의 단면이 아니겠는가 싶다.

수의 이야기를 하고 보니, 내게도 수의 옷감이 있었다. 벌써 5년이나 된 삼배 열 필이 보자기에 그대로 싸여 있다. 5년 전 용지암에 있을 때, 마을 할머니 한 분이 보따리를 들고 내게 찾아오셨다. 자식들이 수의를 하려고 삼베 원단을 끊어왔는데, 그 양이 많아 수의를 하고도 넉넉하게 남더란 말씀이셨다. 고민하다가 물을 들여 스님 승복으로 쓰면 좋겠다고 생각하셨단다. 허리가 꼬부라진 할머니는 후들거리는 발걸음으로 유모차를 밀며 오셨는데, 차마 법당에 올라갈 힘이 없어 밖에서 부처님께 합장을 하고 나를 부르셨다.

할머니께서 풀어놓은 보따리 안에는 모시 원단도 넉넉하게 함께 있었다. 먹물을 들여 승복을 해 입고 여름을 시원하게 나기를 기도하는 할머니의 바람이었다. 할머니의 정성을 생각해서 승복을 해 입어야 했지만, 그 비용이 고급 옷값만큼이나 드는지라 차일피일 미룬 게 5년이 흘렀다. 올해도 그냥 지나갈 참이었는데, 뜻하지 않게 원고료를 적잖이 받게 되어 큰 맘 먹고 옷을 맞추었다. 남은 원단으로 도반의 적삼도 하나 맞추었다. 나의 작은 회향인 셈이다.

그러고 보면, 중은 어차피 수의를 입고 사는 존재다. 중의 가사를 다른 말로 '분소의糞掃衣'라고 하는데, 죽은 시체를 감싼 천을 빨아 입은 것을 이르는 말이다. 그러니 죽은 자를 감쌌던 천을 입고 사는 중은 세상에서 이미 죽은 존재로 사는 사람이다. 죽은 존재는 거칠 게 없다. 생명이 없다고 여기고 사니 무슨 남의 눈치를 보며, 이익과 명예에 탐심을 낼까.

옳은 일에는 몸을 사르는 것조차 대수롭지 않을 테다. 그렇게 세상 번뇌에 물들지 않으면서 번뇌에 뛰어드는 존재다. 어차피 수의 한 벌 입고 사는 존재니까.

꽃이
비치다

행복이는 내가 앉으라면 앉고 누우라면 눕는다. 누
우면 거리낌 없이 다리를 쩍 벌린다. 흰 털이 덥힌
구부러진 뒷다리와 뒷다리 사이, 조금 숨겨진 듯한
암캐만의 그곳에서 빨갛고도 묽은 피가 방울져 비쳤
다. 언뜻 보니 그곳은 단팥 앙꼬가 든 작은 풀빵처럼
부풀어 있었다. 이 작고 부푼 풀빵의 겉은 아직 구워
지기 전의 밀가루 반죽처럼 해쓱한 빛깔이다.

　처녀의 생리를 두고 '꽃이 비친다'라고 했던가? 행
복이의 생리는 내게 꽃 중에 가장 슬프고도 붉은 꽃
의 발화를 기억나게 하였다. 그 붉은 꽃은 일찍 죽은
엄마에 대한 그리움의 원천이자 아픔이다. 스물일곱

살, 아기엄마 시신을 같은 또래 아버지 친구들이 둘러메고 마을 뒷산에 올라 어둠을 틈 타 도둑화장을 했을 때, 무럭무럭 피어오르던 불꽃이다. 엄마의 손길이 절실한 아이를 이 세상에 남겨두고 가버린 새댁의 시신을 화장하고 돌아왔을 때, 같은 또래 젊은이들은 어쩌면 가슴이 자꾸 시렸을 것이다. 못내 시린 가슴을 데울 길 없어 선술집에 모여앉아 막걸리 사발을 밤새 순배도 없이 돌렸을 것이다.

내가 기억하는 이 불꽃은 아버지 친구분 중 누군가에게서 어릴 적 들었던 사실 같은 내용에 덧붙여진 상상력의 산물인지도 모른다. 어미의 도둑화장에 어린아이를 데려갈 어른은 없었을 테니까. 그래도 나는 어릴 때부터 그 붉디붉은 화염을 늘 가슴의 통증으로 느끼고 살았다. 본 것보다 더 본 것 같은 불꽃이 가슴에 각인되었다. 엄동의 계절 차디찬 얼음 위에 버려져 발갛게 얼어터진 발가벗은 아이의 형상이 화장장의 불꽃과 겹쳐져 눈에 어른거렸다. 엄마가 죽자 젖을 못 뗀 아이 하나도 곧 뒤따라갔다. 그 아이에 대한 기억은 반투명 유리창 건너편에 어른거리는 형상처럼 아물거리기만 할 뿐이다.

'꽃이 비치다'라는 것은 어쩌면 아이를 잃은 엄마의 피눈물이기도 하다. 오열도 말라 안으로 안으로만 확인되는 피멍 든 상처투성이 어린 꽃에 대한 기억의 편린이다.

네 살 난 아이가 갑작스럽다는 말도 민망할 만큼 하루아침에 뇌수막염으로 필리핀 병원에서 죽자 그 엄마는 잠시 정신을 잃었단다. 눈물보다 감정이 앞서 말이 전화기 너머 자꾸 끊어졌단다. 죽은 아이를 싣고 필리핀에서 한국까지 날아오는 비행기 안에서 그녀는 하늘을 몇 번이고 살폈으리라. 그녀는 아이가 좋아하던 솜사탕 같은 구름과 온통 파란 빛깔의 구름 위 하늘에서 죽은 이들이 간다는 그 집을 거듭 살폈을 것이다. 그녀는 하늘의 집에서 자신의 아이가 맘껏 뛰어놀 수 있을지도 가늠했으리라. 구름 위에서는 달리거나 뛰어내려도 더 이상 아픈 일은 없으리라 여겼을 것이다. 융단처럼 깔린 흰 구름과 하염없이 흐르는 눈물에 젖는 붉은 태양 그리고 이제는 상상이 되어버린 내 아이가 거기 꽃처럼 비쳤을 것이다. 화장이 끝나고 받아든 그 한줌밖에 안 되는 희뿌연 아이의 뼛가루 위에 엄마의 끊어진 애간장도

꽃으로 비쳤을 것이다.

　아이의 백중 위패 앞에 앉아 염불하는 내 볼에 그
옛날 이 세상에 덩그마니 남겨진 한 사내아이와 불
과 며칠 전 저 세상으로 가버린 사내아이가 자꾸 겹
쳐 눈물 꽃이 비쳤다.

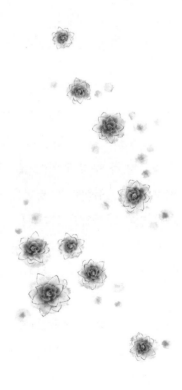

가을
세상

마을 할아버지는 능력도 좋으시다. 밭일을 마친 뒤 오픈카에 할머니 두 분을 태우고 집으로 가신다. 들판에는 벼가 누렇게 익어가고 있었다. 황금들판이 펼쳐졌다. 가을바람이 귓전을 간질이는 오후였다. 불과 얼마 전까지만 하더라도 참깨를 수확해 한 움큼씩 단을 묶어 시골길 가드레일에 줄줄이 세워 말리고 천막을 펼쳐 깨를 터시더니, 이제는 벼농사 가을걷이에 한창이시다. 참새 떼가 군무를 이루어 누렇게 익은 벼이삭에 내려앉았다 경운기 소리가 나면 다시 군무를 펼치듯 날아올라 마을 어귀를 선회하는 날이었다.

할아버지는 올해 고추농사를 망쳤다. 고추 딸 때가 되었는데 몇날며칠 폭우가 내려 빨갛게 익은 고추가 병들고 녹아내렸다. 낮은 지대에 밭을 일구신지라 고추밭이 물에 잠겼기 때문이다. 비가 그친 뒤 할머니는 밭두렁에 앉아 대성통곡을 하셨다. 할아버지는 할머니 등 뒤에 서서 담배를 태우며 애꿎은 삽만 흙발로 툭툭 차고 있었다.

그래도 팔십 평생 농사로 잔뼈가 굵은 분들이신지라 고춧대 뽑은 자리를 경운기 대가리로 다시 갈고 가을 농사를 지으셨다. 밭두둑을 만들고 할머니와 힘을 합쳐 검정비닐을 둘둘 펴서 덮은 뒤 무씨를 뿌리고 배추모종을 심었다. 그러자 며칠 다시 가을비가 내리고 무씨가 떡잎을 내고 배추모종의 잎은 파릇파릇하게 힘을 받았다. 다시 또 며칠이 지나자 벌레가 슬기 시작을 했다. 그래서 할아버지는 농약을 뿌렸다. 그런데 어찌된 일인지 무싹과 파릇파릇하던 배추모종이 다음 날 다 죽어버렸다. 알고 보니 농약배합을 잘못한 탓이었다. 할아버지는 할머니의 꾸지람에 달관의 말씀을 하셨다고 한다.

"팔십 평생 농사도 올해는 영 힘을 못 쓰는구면!"

비록 중이지만 나도 요즘은 가을걷이에 한창 바쁘다. 얼마 전에는 산밤을 주워 며칠 걸려 밤 껍질을 까서 냉동실에 보관해두었다. 산밤은 떨어지기가 무섭게 금방 벌레가 파먹어 이제는 다람쥐나 벌레가 먹도록 놔두었다. 많은 양은 아니더라도 가끔 밤밥을 해먹을 정도면 충분하다.

그러다 며칠간 버섯비가 내렸다. 비닐하우스 도랑 뒷산 솔밭에 올랐다. 혹시나 송이나 능이버섯이라도 났으려나 하는 기대감 때문이었다. 산이 낮아 물론 기대는 깨졌다. 그러다 버섯도감에 실려 있는 황소비단그물버섯이 눈에 띄었다. 버섯에 대해서는 거의 무지한인지라 긴가민가하다가 몇 개 따서 버섯도감과 비교를 해보니 빛깔과 모양이 똑같았다. 물론 비슷한 모양의 독버섯 사진도 있었기에 채취한 버섯 사진을 페이스북에 올려보았다. 그러자 보통 솔버섯이라 부른다는 댓글이 달렸다. 물론 식용이며 독이 없는 버섯이었다. 용기를 내어 끓여먹고 버섯전을 해먹어도 문제가 없었다.

그 뒤 시간이 날 때마다 산에 올라가 솔버섯을 한 가방씩 따서 몇몇 분들께 나눠주었다. 아직 한동안 더 딸 수 있을 것이다. 좀 말렸다가 된장찌개에 넣어 먹어야겠다. 그렇더라도 욕심껏 딸 생각은 없다. 너무 욕심을 부리다 산신할아버지가 꿈에 나타나 "스님 왜 이러시는교!" 하면 중 체면에 할 말이 없기 때문이다.

이러저러 가을은 가을이었다. 별일이었다. 밤하늘에 은하수가 다 보였다. 풀벌레소리도 좀 바빠졌다. 큰곰자리나 카시오페이아는 별일 축에도 끼지 못했다. 이만큼이나 가을이 깊어졌나 감탄사가 나오는 시절이었다. 어떤 스님이 깨달음을 묻자 마조스님이 그랬었다.

"빠르다. 빨라!"

산신이
산다

합천과 의령의 경계선에 한우산이 있다. 한우산은 찰 한寒 자에 비 우雨 자를 쓴다. '찬비 내리는 산'이 라는 뜻이다. 그 옛날 합천에서 한우산을 걸어 넘어 의령으로 오갈 때, 산 위의 비바람이 유독 차게 느껴 졌었나 보다. 한우산 정상 옆에는 자굴산 정상이 단 란하게 머리를 맞대고 있다. 한우산이 합천으로 팔 을 뻗은 형세라면 자굴산은 의령을 품에 안는 형상 으로 솟아 있다. 두 산의 모습은 마치 오랜 벗이 함 께 앉아 담소를 나누는 것 같기도 하고, 사랑하는 남 녀가 마주보고 있는 듯도 하다.

며칠 전, 백일기도 중임에도 오후에 짬을 내어 한

우산에 올랐다. 가을 단풍을 구경하기 위해서였다. 경남 합천은 이제야 한창 가을풍경이다. 강원도 설악산의 단풍이 이곳에 도달하기까지 보름 정도 걸린다. 그야말로 황소걸음이라 하겠다.

인도에는 거리를 재는 '유순'이라는 단위가 있다. 소가 하루 종일 걸어가는 거리를 1유순이라 한다. 사람의 걸음이 아닌 소의 걸음을 거리의 단위로 만든 것이 특이하면서도 한편 이해가 간다.

사람이야 걷다가 지치면 쉬어도 가고, 걸음이 빠르면 백리도 단숨에 간다. 하지만 소걸음은 느리지만 얕은꾀를 내거나 쉼이 없고 우직하다. 그 한발 한발 우직스레 걷는 걸음에는 누구보다 앞서려거나 뒤처져 간다는 생각이 없다. 오로지 앞만 보고 내 갈 길만 간다. 산을 만나도 내를 만나도 한발 한발 내딛는 걸음은 그저 여여할 뿐이다. 그러니 설악산에서 한우산까지의 보름 남짓 차이 나는 단풍은 우직스레 다가온 소걸음의 결과물이다. 그래서일까 경남의 늦가을 단풍은 유난스러움이 없는 황소털빛이다. 수수한 빛깔이다. 소걸음으로 오면서 울긋불긋 겉치레 화려한 색일랑 다 덜어버린 듯하다. 저 산에 단풍이 들었구나 싶으면, 어느새 이 산에 단풍이 들었다. 그리고 북풍한설에 받아놓은 대야물이 언다. 그래서 회색 승복과 참 잘 어우러진다고 할까. 수수한 미소 같다고나 할까. 어찌 보면 해탈한 노스님을 멀찌감 치 뵙는 듯도 하다.

한우산에는 산행에 목을 축일 수 있는 노점상이 있어, 막걸리 한 병을 사다 산에 뿌려주었다. 막걸리 는 산신께 올리는 공양이다. 사람들은 산신이 있느 니 없느니 해도, 그런 건 내게 아무 상관이 없다. 그 저 여기에 산이 있으니 고맙고, 산 아래 마을이 있어 고맙고, 거기에 사람들이 깃들어 사니 고마울 따름 이다.

산신이 따로 있으랴. 산을 사랑하는 이가 산신이 다. 산을 귀히 여기는 이들이 산신이다. 그 산에 뭇 중생들이 깃들어 살거니와 모두 산신과 다름 아니 다. 그리하여 산과 숲과 깃들여 사는 생명들은 합일 체로서의 산신이 된다.

겨우내 화목난로를 때야 하는 나로서는 나무를 할 때마다 산을 향해 합장하고 공경을 표한다. 잡목이 라도 나무 한 그루 한 그루는 산이 베푸는 은혜일 수

밖에 없다. 그러니 어찌 산을 공경하지 않을 수 있겠는가. 그래서 막걸리를 올리기도 하고 때로는 과일을 올리기도 한다.

나이 탓인지, 환경 탓인지 몇 해 사이 나는 알레르기를 심하게 겪는다. 옻나무만 봐도 가렵고, 땅벌에 한 방만 쏘여도 보건소로 달려가 주사를 맞아야 하는 체질로 바뀌어 소심해졌는지도 모르겠다. 하지만 세상 만물에 의지하지 않는 생명이 어디 있으랴. 사람은 사람에 의지할 뿐만 아니라, 산과 내와 나무와 뭇짐승들에게도 보이지 않게 의지하며 산다. 그러니 일체를 공경하지 않을 도리가 없다. 그 공경하는 마음을 기도라고 여긴다.

탁발을
위하여

"탁발하러 갔다 올게. 얌전히 있어라. 알았지?"

중이 탁발을 하는 일이야 당연하지만, 종단에서 금지한 오늘의 탁발은 내 자신을 위한 탁발이 아니라 함께 사는 행복이와 우리를 위한 탁발이었다. 산 아래 비닐하우스를 치고 살면서 적적하여 꼬물꼬물하던 새끼들을 데리고 온 지 벌써 1년이 지났다. 먹을거리라고 해봤자 기껏 사료밖에 없어서 그런지 암놈인 행복이가 겨울을 맞아 부쩍 야위었다. 이대로는 안 되겠다 싶었다. 그래서 진주 중앙시장까지 나가 탁발을 할 참이었다.

돼지족발집 앞에 서서 뼈다귀를 좀 달라고 구걸을

했다. 한 집에서 탁발한 양은 그리 많지 않아 몇 군데 족발집을 돌아다니며 염치불구하고 구걸을 했다. 제법 양이 찼다. 마지막으로 닭집에 들러 닭날개 부속물을 한 비닐봉지 얻었다. 집으로 돌아와 가마솥에 푹푹 삶아줄 요량이었다.

뒤통수가 근질거리도록 누군가 수군거리며 지나기도 하였다.

"스님이 웬 고깃집을 돌아다닌데?"

"그러게 말이야. 절간에 고기가 필요한갑지."

어떤 상인은 개 주려고 탁발을 하냐고 묻고는 미소를 지으며 냉장고에 넣어둔 오리 잡뼈를 찾아 주기도 하였다. 행복이와 우리는 한 일주일간 푸짐한 밥상을 받을 참이었다.

나와 멀지 않은 곳에 사는 도반이 개들을 위해 탁발을 다니는 중은 아마 없을 거라고 놀리기도 하였다.

이제 겨울이라 산 아래 비닐하우스 집에는 어둠이 일찍 찾아든다. 화목난로 불문을 열어놓고 고구마 한두 개 구워먹으며 책을 읽다가 불을 끄면 그때부터 두 마리의 개가 많은 의지가 된다. 적막한 산 아래에 사는 일이 외롭지가 않다.

중이 무슨 외로움을 타냐고 하겠지만, 생각해보면 인간은 원래 외로운 존재다. 출가 전에야 외로움이 못내 서럽기도 하였지만, 출가한 뒤에는 외로움이 오히려 좋다. 그래도 옆에서 누군가, 또는 그 무엇인가가 부스럭거리며 살아 있는 소리를 내면 정겹기도 하려니와 위로가 된다.

개가 없을 때는 풀벌레 소리가 위로가 되었고, 멀리 깊은 산속에서 울리는 고라니 울음소리도 위로가 되었다. 휘파람새 소리에 새벽잠을 설칠 때조차 뭔가 살아 있는 소리를 통해 내 살아 있음의 근거도 확인하게 된다. 어둠 속에 가만히 누워 있으면 들쥐들의 바지런 떠는 소리도 다행스러울 때가 있다. 산 아래 사는 개구리는 산새소리로 울어서 좋고, 바람이 솔가지에 걸릴 때는 가슴에 남은 상처를 끄집어내어 스스로 치료할 수 있어서 좋다. 그중에서도 말동무가 제일 좋기는 하다. 그 말동무가 지금 나와 함께 있는 두 마리 개다.

이번 겨울 안거가 끝나는 내년 봄이면 나 자신을 위한 탁발을 얼마간 다닐 생각이다. 사실 탁발은 공경의 실천이다. 보시물에 대한 공경이자 보시하는 이에 대한 한없는 공경이다. 탁발은 공덕을 빌어주며 대가 없는 베풂을 실천하도록 하는 살아 있는 법문이기도 하다.

이십대 때 도보여행을 하면서 전북 어느 시골 가게에서 라면을 시켜먹고 길에서 밥해먹을 때 반찬하라며 김치 한 봉지를 주셨던 분을 20년이 지난 지금도 기억한다. 누군가에게 보시를 받는다는 것은 가슴에 더 큰 선을 베풀도록 서원을 일으키게 한다. 이제 겨우 도달한 겨울 앞에서 새로운 봄을 기다리는 이유다.

경계를
마주하며

나라와 나라 사이의 경계境界를 국경이라고 하고, 문화와 풍습, 물체와 물체의 상이성과 차이인 경계를 이질감이라고 한다. 그렇다면 사람의 본성에 있어서 경계란 무엇일까 생각해본다.

   과연, 경계란 존재하는 것이었던가. 불교에 귀의하고 출가하여 제일 먼저 배운 말이자 실천행이 하심下心이자 인내忍耐다. 행자생활 내내 누구보다 먼저 새벽 일찍 일어나 법당에 초를 켜고, 다기에 청수를 올리고, 향을 올린 뒤 도량석을 하는 일이 하심과 인내를 배우는 과정이었다. 하심이란 자신을 낮추는 것인 줄 알았는데, 사실 자신의 마음을 내려놓는 일이었고 그 '내려놓다'라는 말 속에는 이미 인내의 의미도 들어 있었다.

「불교신문」에 '오방五方이 있었던가?'라는 제목의 글을 실은 적이 있다.

행자생활 때 천수경으로 새벽 도량석을 하다 '오방내외안위제신진언五方內外安慰諸神眞言'에 이르러 마주한 경계에 대한 체험을 간략히 소개한 글이었다.

동서남북과 내가 서 있는 자리를 포함한 다섯 방위인 오방에 제신諸神들이 있고, 그 호법선신들이 오방을 평안하게 가호하시기를 발원하는 진언이 '오방내외안위제신진언'이다.

그런데 오방에 제신들이 있고, 오방을 평안하게 가호하는 일이 있을지언정 마음에도 오방이 있었던가? 하는 지극히 초보적인 의문이 일었다. 그리하여 도량석을 하다가, 혜가스님이 달마조사께 마음이 불편하다고 토로하자, 달마조사께서 "이미 네 마음을 평안하게 하였다"라고 한 말이 딴 세상 이야기가 아님을 알게 되었다.

그 뒤로는 힘들어도 그 힘들다고 여기는 마음에

대고 '이뭐꼬'를 하며 행자생활을 견딜 수 있었다. 물론 승가대학교 학인시절도 그렇게 넘겼다.

경계란 어쩌면 마음에 이는 싫고, 좋음의 경계일 것이다. 싫은 것을 억지로 해야 할 때, 현실에 대한 경계에 부닥친다. 또는 좋은 것을 그만둬야 할 때도 경계에 부닥친다. 따라서 싫음은 괴로움으로 연결되고, 좋음은 즐거움으로 연결된다. 고苦와 락樂일 것이고, 고락이 바로 보통의 인생살이다.

부처님께서 삶을 고苦라고 하신 것은 우리가 괴롭다고 여기는 현상만을 말한 것은 아니다. 엄밀히 따지면 즐거움도 고와 한통속이다. 우리가 느끼는 괴로움이든 즐거움이든 모두 감정일 뿐이다. 그 싫고 좋은 감정이 모두 마음에서 발생한 것이니 고락이 마음에서 한통속으로 얽히고, 그 고락을 통틀어 고라고 한 것임이 틀림없다.

그러고 보면, 출가인이든 재가인이든 살아가는 일이 별반 다르지 않다. 나름 하루의 일정을 따라 이리저리 얽매이며 사는 게 다반사다. 사실 태어나면서 이미 얽매임이 시작되었다.

재가인은 직장과 가족과 사회통념에 얽매여야 하고, 출가인은 계율과 사중의 잡무에 얽매여 산다. 그 하는 일이 구분될 뿐 얽매이지 않는 삶이란 존재하지 않는다고 해도 과언이 아니다.

자유롭게 살고 싶어서 출가를 했는데, 다시 절집 안의 잡무에 얽매여 산다는 게 무척이나 싫었다. 그래서 사중 소임을 때려치우고 도망쳐 나오기도 하였다. 산속에서 비닐하우스를 치고 부처님을 모시고 살고 있는데, 누군가 비닐하우스에 사람이 산다고 고발을 하는 바람에 시골 면소재지에 포교당을 열었다. 이런 일련의 사건들이 한편의 경계들이었다. 그래도 내 출가의 원력은 잊지 않으려 나름 노력하였다. 경전을 번역하고 글을 써서 불법을 전하려는 출가 원력을 실현하려 노력하였다. 그래서인지 책도 출판할 수 있었고, 신문에 글도 연재할 수 있었다.

그러면서 이제 다시금 느끼는 것은 경계란 늘 내 자신에게 한계성을 긋는 일이라는 것이다.

사람들은 인내에도 한계를 짓는다. "이만큼은 내

가 참을 수 있지만, 더 이상은 못 참는다"라고 말하기도 한다. 이렇게 스스로 자신의 경계를 규정짓는다는 것은 한편, 스스로 만든 감옥에 걸어 들어가는 것과도 같다.

자신의 원력에 맞는 길을 찾아 한계를 짓지 않는 마음가짐이 스스로 만든 감옥에서 자유로워지는 길이라 여긴다. 그 자유의 길은 스스로에게 지운 경계를 잘 허물며 가는 일이다. '잘 가신 분'이란 말을 선서善逝라 하고, 이는 부처님을 달리 이르는 말이기도 하다.

선서의 다른 말이 또한 정진精進이다. 정진을 목적만을 향해 나아가는 것으로 이해하기 쉽지만, 정진은 차분하고 정밀하게 살피며 가는 것이다. 내가 서 있는 곳과 길가도 둘러보며, 이름 모를 들꽃에 눈도 맞추며, 흐르는 시냇물에 손발도 씻으며, 여행하듯 나아가는 일이다. 그렇게 세상과 나 사이에 경계를 허물고 반목과 질시를 넘어 더불어 어우러지며 가는 길이 또한 정진이다.

그러니 경계를 허무는 일은 정진으로 이어지고, 정진은 나에게 한계를 지우지 않는 것이며, 나를 둘

러싼 주위와 화해의 실천이다. 우리는 무엇인가 목
적을 향해 달려가려고 세상에 온 것이 아니라 세상
과 내 자신을 사랑하려고 온 것이기 때문이다.

매화나무 베기

뿔하루살이
날아들다

어느 문틈을 노렸던 것인지 뿔하루살이 한 마리 거실에 날아들어 왔습니다. 본능에 이끌려 형광등 불빛으로 질주해 몇 번 부딪히더니 바닥에 떨어져 천장을 향해 배를 드러내고는 꿈틀거립니다. 바람을 타고 하늘을 마음껏 날던 큰 날개가 움직이지 않자 볼 수 없는 등이 천하보다 더 무겁습니다. 날개를 다쳤나봅니다. 몸에 비해 거대한 날개는 제 한 몸조차 뒤집을 수 없는 절망의 덫이 되었습니다. 애벌레일 때 삶의 목표이자 이상이었을 날개는 이 밤 생의 마지막으로 가야 할 슬픈 몸뚱이의 커다란 짐일 뿐입니다. 화려한 불빛은 한낱 꿈이 되었습니다. 더 이상

움직이지 못하는 날개는 무거운 쇠사슬이 되어 발목을 옥죄고 회한의 지난 기억들은 죽음의 무게를 감당하지 못합니다. 더듬이를 꿈틀거리며 발버둥을 쳐도 벗어나지 못하는 욕망의 결과, 움직이지 못하는 날개에 새겨진 열두 매듭 무늬만 지난날을 증명할 뿐입니다.

아침에 나와 보니 거실 바닥에 지난밤이 발버둥을 치며 꿈틀거립니다. 내 등에 붙은 욕망이 희끗희끗 보일 때마다 시간은 아픈 곳에 머물러 있습니다.

살생의
논리

내가 사는 암자 바로 앞에는 논이 있습니다. 한두 마지기쯤 되니 약 4백 평쯤 되는 택입니다. 이 논을 필두로 마을을 끼고 논들이 10만 평가량 펼쳐져 있습니다. 봄이면 양파농사를 마치고 담배농사를 마쳐야 모내기를 하는데, 7월이면 이제 벼도 제법 자라기 시작했습니다.

그런데 이때쯤 되면 나로서는 수시로 괴로운 일이 생깁니다. 논에 농약을 뿌리기 시작하는 시기이기 때문입니다. 농약을 뿌리기 시작하면 냄새 때문에 폭염주의보가 발효된 이 더운 날에도 암자의 문이란 문을 다 닫아야만 합니다.

벼농사 짓는 법을 살펴보면, 제초제를 제외하고 보통 병충해 방제를 위한 농약만 3차에 걸쳐 뿌립니다. 이건 보통 기본적인 농약 살포 횟수입니다. 그리고 비가 오고 난 뒤에 병충해가 극성을 부리기 시작하면 한두 차례 더 농약을 뿌립니다. 그러니 동네 십만 평의 논에 뿌리는 농약 냄새를 암자에서 피할 길이 없습니다. 산속 깊이 있는 암자가 아닌 바에야 어쩔 수 없는 시골 마을 절의 어려움이기도 합니다.

요즘은 친환경 농법도 많이 시행하고 있지만, 그것도 마을 전체가 같이 실시해야 효과를 볼 수 있지 어느 개인이 친환경 무농약 벼농사를 하겠다고 시작하면 그 농사는 이미 망했다고 봐야 합니다. 남들은 다 농약을 뿌리는데 나 혼자만 농약을 안 치면 다른 논의 병충해까지 떠맡아야 하는 억울한 일이 생기기 때문입니다.

밭농사도 마찬가지입니다. 암자 텃밭의 농작물이 병충해에 약한 것은 다른 밭의 병충이 농약을 안 친 암자의 텃밭으로 거의 집단적으로 이주하다시피하기 때문입니다. 약을 안 쳤던 탓인지 암자의 매실나무 일곱 그루에서 올해 매실을 한 그릇도 수확하지 못했습니다. 진딧물 피해를 톡톡히 본 것입니다. 그렇다고 절에서 농약을 친다는 것도 내키지 않는 일이라 그냥 두고 보는 수밖에 없습니다.

내가 처음 암자에 왔을 때 암자 앞을 흐르는 농수로에 신기하게도 우렁쉥이가 제법 많았습니다. 논에 농약을 치는 건 분명한데 어떻게 우렁쉥이가 이렇게 크고 많을까 하는 의심은 당연한 것이었습니다. 그래도 벼농사는 농약의 피해가 좀 덜하다는 증거로 받아들였습니다.

그런데 다음 해부터인가 마을에서 대규모로 담배농사를 시작하고부터 농수로에 우렁쉥이가 사라져버렸습니다. 담배농사가 생각보다 농약을 많이 치고, 그 논들을 거쳐 나오는 논물에는 우렁쉥이가 견딜 수 없게 된 것이라는 게 내 나름의 결론입니다.

이미 친환경 농사를 짓는 곳이 아니면 그 옛날 농수로나 둠벙에서 미꾸라지 잡아 추어탕을 끓이고 우렁쉥이 잡아 된장찌개를 해먹던 낭만은 다 잃어버릴 수밖에 없는 환경입니다.

이런 가운데 암자에 행사가 있었습니다. 작은 기도

회였습니다. 그때 한 노보살님께 질문을 받게 되었는데, 살생에 관한 것이었습니다. 젊은 시절 꽃꽂이를 좋아했답니다. 꽃꽂이를 해서 부처님께 공양 올리는 걸 좋아했답니다. 그런데 꽃을 꺾는 일도 살생이 아닌지 물어왔습니다.

참 곤란한 질문이었습니다. 그렇다고 답을 미룰 수도 없었습니다. 그래서 내 나름의 설명을 해드렸습니다. 불교에서는 생명을 크게 두 가지로 나눕니다. 바로 유정有情과 무정無情의 구분입니다. 즉, 감각이나 감정, 의식을 가진 생명체면 유정, 감각이나 감정, 의식이 없는 물체는 무정으로 구분합니다.

'두두물물이 부처 아닌 것이 없다'는 불교 해석적인 말은 엄밀히 말하면 만물을 바라보는, 곧 보는 이의 입장이지 일체를 중생이거나 부처로 해석할 수는 없습니다. 중생이라는 말 자체의 원 뜻이 산스크리트어로 하면 '사트바sattva', 즉 유정만을 말하기 때문입니다.

불교에서는 일반적으로 나무나 돌 등의 사물은 감각이나 감정, 의식을 가지고 있다고 보지 않습니다. 그래서 무정이고 무정에 대해서는 살생의 개념을 붙이기에 무리가 있습니다.

그러나 어떤 이들은 식물도 감각이 있고, 감정도 있고, 의식적인 작용도 있다고 말합니다. 예를 들어 감각적 향일작용을 하며, 자라고 병충해를 입게 되면 스스로를 보호하기 위해 병충이 싫어하는 물질을 분비한다는 논리를 펴는 것입니다. 틀리지 않는 말입니다.

하지만 불교에서는 그런 자연과학적 논리보다는, 살생인가 아닌가 하는 근원의 질문으로 바로 들어가서 논의를 해야 합니다. 불교적 인식은 어떤 마음으로 사물을 대할 것인가 하는 문제가 직접적인 나의 살생 문제에 대한 해답이 됩니다. 불교적으로는 하찮은 풀 한 포기, 꽃 한 송이도 죽이고자 하는 마음으로 대했다면 그게 바로 살생이 되는 것입니다. 유식학적 근거를 가져오지 않아도 즉 일반 불교적 인식으로 살생의 기준은 작용하고자 하는 마음인 것입니다.

예를 들면, 텃밭에서 자란 푸성귀를 뜯어 먹으며 그 텃밭의 작물을 죽인다고 생각하면서 먹으면 그것은 분명 살생입니다. 하지만 배추 한 잎, 고추 하나,

가지 하나, 상추 한 잎이라도 나를 위해 제 몸을 희생하는 보살로 받아들인다면 그것은 보살을 내 안에 들이는 것이요, 그 보살의 마음을 먹는 것입니다. 그렇게 되면 먹는 나도 보살이고, 일체 세계가 보살이며, 모두 성불의 법체가 되는 것입니다.

그래서 질문한 노보살님께 "꽃꽂이를 해서 부처님께 꽃 공양을 올릴 때 어떤 마음으로 했는가에 따라 살생도 되고 보살행도 되는 것"이라고 설명했습니다.

더 나아가 논밭에 농약을 뿌리더라도 "병충은 죽어라. 빨리 죽어라" 하는 마음으로 농약을 뿌리지 말고, "우리 사람들이 먹고 살려고 어쩔 수 없이 농약을 뿌리니 벌레님들은 자비의 마음을 내시어 극락왕생하시기를 발원합니다. 다음 생에는 좋은 인연의 모습으로 다시 오소서!" 하고 농약을 뿌리라고 말해주었습니다. "집에 돌아가셔서 바깥어른들 농약 뿌릴 때 대지에 그리 고하고 농약을 뿌리면 무슨 악업이 되겠습니까" 하고 일러주었습니다.

지금 암자 바깥의 논에 농약을 뿌리는 분들은 이 젊은 중이 일러준 말을 기억할는지 모르겠습니다.

그래서 내가 대신 대지에 고해봅니다.

　"일체 유정과 무정들이시여, 늘 부처님의 자비광
명 베풀어주셔서 감사합니다. 그 희생과 사랑으로
일체가 평안을 얻으리다. 나무아미타불."

매화나무 베기

큰스님

몇몇 분들이 제게 큰스님되라고 발원을 해주십니다.

고맙고 또 고맙습니다.

그런데, 가만히 생각해봅니다. 이분들이 말씀하시는 큰스님은 어떤 스님일까요? 최소한 본사급 주지 정도거나, TV에 얼굴 나오고 법문도 한문 풀어가며 멋지게 하는 그런 스님인가요? 아니면 조실스님이나 선원장스님 정도는 되어야 큰 스님일까요? 이런 생각들을 하게 됩니다.

제가 은사스님을 존경하게 된 계기는 사실 불법 때문은 아니었습니다. 은사스님은 본사의 주지를 사셨고, 남해 보리암 주지도 사셨고, 종회의원도 지내셨으나 그것 때문도 아닙니다. 불법은 경전에 다 나와 있고, 깨달음을 얻는 것은 누가 가르친다고 되는 것도 사실 아닙니다. 스스로 알아야 되는 것이지요. 다만 훌륭한 스승님이 길을 가르쳐줄 뿐입니다. 결국 길을 가는 것도 본인이고 그 길에서 깨달음을 얻는 것도 본인입니다.

그럼 무엇 때문에 제가 은사스님을 존경하게 되었을까요. 바로 찢어진 고무신 때문이었습니다. 어느 날 은사스님께서 걸어가시는 뒷모습을 보게 되었는데 뒤축이 찢어진 고무신을 기워 신고 계셨습니다. 그 모습을 본 순간의 감동이라니.

도반의 은사스님을 찾아뵈었던 일도 있습니다.

충남 어디였었는데, 찾아뵈니 도반의 은사스님께서 때 묻은 승복을 입고 지게를 지고 나무를 하고 계셨습니다. 그리고 한사코 삼배를 안 받으시려고 해서 겨우 마당에 서서 인사를 드렸습니다. 어린 상좌의 도반인 우리에게 하나하나 존칭을 쓰시며 공손하시기가 이를 데가 없었습니다. 저는 이 두 분을 통해

나름 큰스님 상을 간직하게 되었습니다. 앞으로 저
도 이런 모습이기를 원하며, 또 이런 모습일 것입
니다.

인과

삭발하고 절집에서 살기 전에는 몰랐던 것인데요.

인因이 생각보다 빠르게 과果로 나타난다는 것이지요.

밭을 갈고 씨를 뿌리면 바로 그 다음 날부터 싹 트기를 기다리는 게 저의 급한 성격입니다. 밭에 물을 주고는 툭 하면 고랑에 앉아 언제 싹이 트나 기다립니다.

그런다고 싹이 일찍 올라올 리 만무한데도 급한 성격을 어디 갖다버리지도 못합니다.

그렇게 한 일주일 지나고 나면 비로소 참새 혓바닥만한 작은 싹이 떡잎을 이고 흙을 뚫고 나오기 시작합니다.

　이때도 저의 급한 성격이 어디 가겠습니까? 싹 머리를 집어 뽑아서라도 빨리 크기를 바라는 성격이니. 이런 짓을 '조장助長한다'고 하지요?

　'조장'은 『맹자孟子』 「공손추장」에 나오는 송나라 농부의 우화에서 유래한 고사입니다. 내용을 보면 이렇습니다.

　한 농부가 봄에 볍씨를 뿌려놓고, 그 싹이 잘 자라기를 기원하였다. 하루는 자기 논의 벼가 어느 정도 자랐는지 궁금하여 논에 가보았다. 그가 주위를 살펴보니 자신의 논에 있는 벼가 다른 사람의 벼보다 덜 자란 것처럼 보였다. 마음이 초조해진 농부는 어떻게 해서든 곡식의 싹을 빨리 자라게 해서 수확할 수 있는 방법을 찾아 고민하기 시작했다. 물론 볏모는 눈에 띄지 않게 자라고 있었지만 농부는 그런 사실을 몰라 다급했던 것이다. 농부가 벼의 순을 당겨보니 벼가 약간 더 자란 것같이 느껴졌다. 그래서 논에 있는 나머지 싹도 모두 뽑아 올렸다. 하루 종일 벼의 순을 빼느라 힘이 빠진 그는 비실거리며 집으로 돌아와 식구들에게 다음과 같이 말했다.

"아! 오늘은 너무 피곤하다. 나는 곡식의 싹을 도와서 자라게 하였다今日病矣, 予助苗長矣."

이 말을 듣고 가족들은 몹시 궁금해했다. 다음 날 그의 아들이 논에 나가보니 벼의 싹은 모두 말라 죽어 있었다.

그런데 말입니다.

씨를 뿌리고 잊고 있다가 밭에 가보면 언제 자랐는지 부쩍 커 있는 것을 봅니다. 농작물 하나하나도 그때를 따르는 이치를 간직하였구나 하는 감탄이 절로 나옵니다.

우리의 업도 선업이든 악업이든 우리가 잊고 살 때 어느새 부쩍 자랐다가 씨를 맺고, 그 씨가 다시 싹을 틔우고, 그 싹이 다시 자라 씨를 맺습니다. 그리하여 온 밭에 가득 들어찹니다. 농작물이 아닌 잡풀은 더욱 번성합니다. 우리가 모르는 사이 인因은 과果로 탈바꿈하여 우리의 인생을 좌지우지하기에 이릅니다.

그 과果에 휩쓸리기 시작하면, 그것은 마치 급류

에 떠내려가는 나뭇조각 같아서 건져내기
어렵습니다. 한편 즐거운 일이고, 한편
두려운 일입니다.

간명하게
살기

가끔 암자에 고민상담을 하러 오는 분들이 계십니다. 함께 차를 마시며 이야기를 들어보면, 세상만사라더니 고민도 가지가지 천태만상입니다.

그런데 고민이 많은 사람들의 공통점이 있습니다. 그것은 바로 간명한 삶을 살지 못한다는 것이지요. 가족 간의 고민, 사회생활의 고민, 가까운 사람과의 고민 등이 대부분 그렇습니다.

반면 늘 평안하니 별 탈 없이 사는 분들이 계신데, 그분들의 삶을 들여다보면 참 간명하게 산다는 생각을 갖게 됩니다. 어쩌면 단순하게 사는 것일 수도 있습니다. 이런 분들은 자신의 생업에서 열심히 일하고 가족들과도 별 탈 없이 지내는 것을 봅니다. 특별한 행복을 구하지 않아도 늘 가정사나 개인사가 평안합니다. 없으면 없는 대로 있으면 있는 대로, 남과 비교하여 행복한 게 아니라 자신의 삶에서 소소한 만족을 구가하며 삽니다.

하지만 늘 고민이 많고, 애로사항이 많고, 가정사나 생업에 불안하며, 자신을 잃어버리고 정신없이 바쁘게 사는 분들은 뭔가 특별한 것을 통해서 행복과 만족을 찾는 경우가 많습니다. 그러다보니 생업도 아주 복잡한 인간관계에 얽혀 있고 이런저런 욕심과 일확천금의 유혹과 쾌락으로 마음이 달아납니다. 생업은 늘 불안할 수밖에 없고 가족 간의 불화는 쌓이고 인간관계의 복잡한 인연에 의해 괴로움을 늘 스스로 만들며 삽니다. 사람과 사람 사이에 이런저런 거짓말이 늘고 그 거짓말이 꼬리에 꼬리를 물어서 자신이 스스로 해결할 수 없는 상황을 초래하기도 합니다. 애정관계도 아주 복잡하여 자신과 가정을 파괴하기에 이릅니다.

나는 이런 괴로움에 빠진 분들과 상담을 하면서, 간

명하게 살면 차차 일이 잘 해결될 것이라고 늘 일관되게 조언합니다. 지극히 상투적이고 누구나 알고 있는 말이겠지만 인간관계도 될 수 있으면 거짓과 위선 없이 지나친 욕심을 부리지 않고 살기를 조언합니다.

물론 여러 복잡한 인간관계를 유지해야만 생업이 유지되는 사업이나 영업직 종사자일지라도 복잡한 가운데서 되도록이면 간명한 인간관계를 맺고, 과욕을 부리지 않는 삶을 살려고 한다면 괴로움도 덜어질 것입니다.

수행자도 마찬가지지요. 되도록 간명한 삶을 살아야 수행에 장애가 없습니다. 제 자신이 절실히 체험했던 삶인지라 지금은 저 또한 간명한 삶을 살고 있는지 살피며 조심합니다.

모든 분들이 늘 평안하시기를 발원드립니다.

산은 산이고
물은 물인가

누구든지 세계를 있는 그대로 받아들인다는 건 참 어려운 일입니다. 자연환경뿐 아니라, 사람을 마주하는 것도 그렇습니다. 맞닥뜨리는 세계에서 어느새 내가 가진 선험적 경험에 비추어 그 세계를 판단하게 됩니다. 그래서 성철 큰스님께서 '산은 산이요, 물은 물이다'라는 법문을 하셨나봅니다.

원래 '산은 산이요, 물은 물이다'라는 말은 중국의 유신惟信 선사가 한 말입니다. 성철스님께서 이 말을 빌려 써서 우리나라에서 유명세를 탄 것입니다. 처음, 산은 산이요, 물은 물이었다가 선지식을 친견하여 어느 정도 알고 보니 산은 산이 아니고, 물은 물이 아님을 깨닫습니다. 그리고 지금 휴식을 얻고 나니 다시 산은 산이고, 물은 물이라는 말입니다. 그리하여 이 세 가지가 같은 것인지 다른 것인지 묻습니다.

결국 '산은 산이요, 물은 물이다'라는 말은 처음의 긍정을 부정한 인식의 세계에서 다시 처음 긍정의 세계로 돌아온 것인데, 세 번째 긍정이 두 번째 부정적 인식의 세계와 처음의 긍정적 세계와도 다르지 않음을 포괄하는 의미입니다.

처음 세계를 바라보는 시각은 천진스러운 인식의 세계라면, 두 번째 부정의 세계는 선험적 경험을 통한 관념의 세계이며 재해석의 세계입니다. 세 번째 세계는 천진의 인식세계와 관념의 세계까지 포함하면서 앞의 둘과 다르지 않으면서도 초탈한 세계가 되는 것입니다.

'연탄재 함부로 차지 마라. 너는 한 번이라도 그렇게 뜨거운 적이 있었느냐'고 물었던 안도현 시인은 '시는 사실이 아니라 진실을 말하는 것'이라고 했습니다. 숨겨진 내면의 진실과 세계의 진실입니다.

하지만 어쩌면 그것은 '산은 산이 아니고, 물은 물

이 아닌' 그런 인식의 세계입니다. 오솔길을 지나면서 무거운 짐을 내려놓듯 아무 생각 없이 숲속 공기를 천천히 들이쉬어 본다든지, 길을 따라 피어난 자그마한 꽃을 찬찬히 살펴본다든지, 햇살이 나뭇잎 사이에서 장난치듯 옮겨 다니는 것을 본다든지, 낙엽 아래에서 바스락거리는 작은 곤충이나 그 곤충을 찾아다니는 산새의 발자국 소리를 귀 기울여 듣는다든지, 개울을 따라 흐르는 물소리에 끊임없이 쌓이는 물소리를 듣는다든지……

자신의 선험적 인식을 내려놓고, 이름도 해석도 내려놓고 세계를 있는 그대로 받아들일 줄 아는 사람은 얼마나 될까요? 자신과 남에게 무해석의 지평을 열어줄 줄 아는 사람은 얼마나 될까요?

우리들은 자라면서 어차피 천진스런 일차적 세계를 잃어버렸습니다. 자연의 세계 속에서 보고 듣는 것뿐만 아니라 촉감과 미각, 후각에 이르기까지 사유와 관념의 번뇌를 천연스러운 현상 위에 끊임없이 덧칠하고 재해석해서 받아들입니다. 사람과의 관계 속에서도 선험적 경험을 앞세워 그 사람을 판단하고 재단합니다. 번뇌의 굴레인 말라식을 기어코 덧씌우고 맙니다. 남도 괴롭고 자신도 괴로운 세계를 만듭니다.

그래서 저는 시를 쓸 때도 되도록이면 평범한 언어를 날것 그대로 쓰려고 노력합니다. 주의나 주장 그리고 관념적 언어, 상징적 문장까지도 되도록 멀리하려 애씁니다. 다시 천연의 모습 속으로 돌아가는 감동을 찾기 위해서입니다. 평범 속의 비범한 진리를 믿기 때문입니다.

사람과의 관계에서도 되도록이면 선입관을 버리려 애를 쓰지만 그것은 시를 쓰는 일보다 더 어렵습니다. 잘 변하지 못하는 게 사람의 습성이지만, 한편 순간순간 변할 수 있는 게 자연이고 사람인지라 과거의 내 잣대로 지금의 그 사람을 재단할까 두렵기 때문입니다. 진실을 놓칠까 두렵기 때문입니다. 그렇기에 세계의 진실을 보기 전에 선험적 인식에 끌려다니는 내 진실을 먼저 볼 수 있기를 늘 바랍니다.

매화나무
베기

몇천 년을 우려먹은 매화꽃이 피었습니다. 닳도록
찍힌 꿀벌들의 발자국이 꽃술마다 분분합니다. 오늘
은 톱을 매화나무 밑동에 먹일 참입니다. 글로 우려
먹고, 그림으로 우려먹고, 차로 우려먹고, 봄여름가
을겨울, 연달아서 우려먹었건만 참 질깁니다. 꽃향기.

　매화를 필두로 봄에 피는 꽃이란 꽃, 나무란 나무
는 다 우려먹고, 계절마다 그 많은 나무 다 재탕에
천백 재탕 우려먹고 포동포동 살찐 예술작품들. 그
럼, 살찐 작가는 몇이나 될까요? 그렇게 우려먹었으
면 기름이 번지르르 흘러야 할 작가들이 몇몇 안 되

는 것 보면 어지간히 영양가 없는 게 틀림없을 듯합니다. 매화꽃을 앞에 두고 새로운 방법으로 달여 먹으라며 젊은 애들 꼬드기는 잘난 이들 꼴 보기 싫어서라도 내 오늘은 우선 앞마당 꽃 핀 이놈의 매화나무 먼저 베어버려서 다시는 미혹한 이 없도록 해야겠다고 마음을 먹고.

꽃송이 하나 다침 없이, 상처도 없이 이 마을의 매화나무도 한 그루 한 그루씩 베어나가고, 내 고향 경북 울진군 원남면 매화리 기억 속의 매화나무도 다 베어버리고, 음력 2월 흰 황소 타고 강 건너 장작더미 홍매 불 입으러 가신 엄마도, 마지막으로 매화리 보고 청매실 시큼한 눈물 떨구고 가신 아버지마저도 남김없이, 원망이나 그리움 하나 없이 다 베어버려서.

앞마당 베어버린 매화꽃 향기 남은 그 자리에 베어놓은 조사祖師를 갖다 붙이고, 제대로 불러보지도 못했던 엄마와 아버지께는 베어놓은 대자대비 보살을 갖다 붙이고, 시방세계 베어버린 온갖 곳의 매화나무 둥치에는 베어놓은 부처를 나투어 붙이고.

나는 이 아래에서 또 무엇을 벨 수 있을까요.

참된 나를
찾은 것인가

언제부터인가 절집마다 템플스테이 플래카드가 나붙고, 여름·겨울로 수련회를 갖습니다. 또 불교대학과 시민선방을 열어서 불교의 교리를 가르치며, 발원을 세우게 하고, 참선수행을 가르치며 신심을 돈독하게 하고 있습니다. 그런데 하나같이 주제가 '참나를 찾아서'입니다.

'참나.'
이런 주제를 자주 대하지 않았을 때만 해도 '그렇지, 참나를 찾는 게 중요하지. 만날 거짓 나에 속고 사는 인생 아니던가' 하는 심정이었고 반갑기까지 했습니다. 그런데 수년이 흐르고 나니 이제는 누구나 '참나'를 찾겠다고 난리법석을 떠는 현상은 불교뿐만이 아닙니다. 그리스도교에서도 '참나'를 주장합니다. 그리스도교에서는 '나'를 버리고 '하나님의 종'이거나 '하나님의 자녀'로서의 '참나'를 찾겠다고 난리법석입니다.

여기서 우리 스스로에게 한 가지 질문이 필요합니다.

'참나'의 반대말이 '거짓된 나'인가 하는 것입니다.

한 가지 질문이 더 필요합니다.

원래 '청정한 나'가 더러워져서 지금의 '거짓된 나'가 있는 것인가 하는 것입니다.

만약 이 두 가지 질문에 누군가 '그렇다'라고 대답한다면, 그건 불교의 근본 가르침에서 멀어져도 한참 멀어진 소리입니다. 감히 말하거니와 방편설과 진짜 불교의 정수를 구분하지 못하는 것이 아니겠나 싶습니다.

먼저 '참나'의 반대말은 '거짓된 나'가 아니라 '잘못 알고 있는 나'입니다. 우리가 알고 있는 '참된 아我',

곧 '참나'는 불교에서는 '무아無我'라고 합니다. '나'라고 하는 집착이 나타나기 전의 진아眞我이며, 이러한 '나'는 진여성眞如性, 불성佛性 그리고 법성法性과 통하는 '나'입니다.

여기서 문제가 발생하게 되면, 바로 '나'라고 하는 존재의 실체성에 집착하면서 전도된 마음, 곧 '나'라고 하는 망상에 집착하는 뒤집어진 마음이 주인이 되는 것입니다. 이것을 아집我執이라고 합니다.

아집에 나를 제대로 알지 못하는 아치我痴와 온갖 번뇌심과 이기심, 자신의 의식에 매몰되는 아견我見과 남을 멸시하고 자신을 높이는 아만我慢과 망상으로 이루어진 자신을 지나치게 소중히 하거나 아끼며 애착하는 아애我愛가 포함되는 것입니다.

그런데 어찌된 영문인지, 아집을 버리고 '참나'를 찾으러 절집에 공부하러 간 사람들이 더 큰 병에 걸려 헤매는 경우가 비일비재한 현실입니다. '참나'라고 하는 병에 빠진 것입니다. 다시 말하면 '참나'가 실재한다는 새로운 망상에 사로잡혀 삽니다. 원래 깨끗한 마음이라는 것이 따로 존재하며 그 실재하는 깨끗한 마음이 나라고 착각한다는 것입니다. 이 '참나' 병은 약을 써서 고치려 해도 도무지 약이 잘 듣지 않습니다.

아, 이 일을 어쩌면 좋단 말입니까.

무명無明의 나를 벗고 무상無相의 나를 찾아주어야 할 불교가 '참나'가 있다고 착각하게 만든 꼴이라니! 눈 어두운 선생이 아이들을 끌고 벼랑으로 간 꼴이 아니고 무엇일까요. 이 글을 쓰는 말학도가 감히 걱정하게 되었습니다.

딴지 걸지
않기

그러고 보면, 나에게는 참 고약한 버릇이 하나 있습니다. 바로 딴지 거는 버릇입니다.

중이 되어서는 들어도 못 들은 척, 알아도 모르는 척 해야 남의 마음을 편안하게 해줄 텐데 꼭 한 번씩 나도 모르게 딴죽을 거는 습관이 튀어나옵니다.

이런 좋지 않은 습이 몸과 입과 의식에 밴 것은 어렸을 때부터의 오래된 버릇 때문은 아닌 것 같습니다. 물론 어릴 때부터 어느 정도 가능성은 가지고 있었겠지만, 단기간 몇 년의 습이 깊게 스민 것 같습니다.

학인 시절 승가대신문사에서 학인기자를 거쳐 편집장을 맡았었습니다. 이 4년이 조금 안 되는 기간

동안 뭔가 오해 받을 만한 글이나 표현 등을 발견하면 그냥 지나치지 못하는 습이 생겼습니다.

한번은 인터뷰를 하고 기사를 내보냈는데, 이 기사를 읽은 독자들로부터 취재 대상의 검증되지 않은 주관적 주장을 기사로 실었다는 질책을 호되게 받았던 기억이 있습니다. 아마 이런 경험이 남의 주장과 생각에 대한 딴지 걸기로 지금까지 남아 있는 게 아닌가 싶습니다.

이런 습은 다만 글에만 국한된 게 아닙니다. 말을 할 때도 뭔가 내 마음에 맞지 않는다거나, 내가 판단하기에 객관성이 좀 떨어진다고 생각하면 꼭 딴지를 거는 데까지 이릅니다. 이해를 해야 다음으로 넘어가는 습관 때문에 개인적으로는 인간미가 없는 사람이 되었습니다.

이러니 남이 나를 쉽게 좋아할 리 없습니다. 나를 오랫동안 봐왔고 이해할 수 있는 사람 외에는 쉽게 접근을 안 합니다. 상대방이 싫거나, 상대를 배척하기 위해서 딴지를 거는 게 아니라, 좀 더 명확한 이해를 필요로 해서 딴지 아닌 딴지를 걸게 되는 것임에도 상대방은 반목하기 위해 딴죽을 건 걸로 받아들이기 일쑤입니다.

그러고 보면 습이라는 것은 하는 일에 따라서 긍정적인 역할을 하기도 하고 부정적인 영향을 끼치기도 합니다. 게으름을 피운다고 집에서 야단맞던 사람도 일을 할 때는 다른 사람으로부터 신중하게 일처리를 한다고 칭찬을 듣기도 합니다. 해야 할 일을 일사천리로 잘 처리하는 사람도 어떤 경우에는 성급하고 실수가 많다는 지적을 받기도 합니다.

그런데, 나의 신문사 편집장으로서의 습은 어디서든 미움 받기 쉬운 딴지 걸기로 한 번씩 튀어 나오니 참 난감한 일이 아닐 수 없습니다. "너는 뭐가 그리 잘났냐?" 하는 비아냥을 받기에 딱 알맞습니다. 중으로 살아가면서 큰 숙제 하나를 떠맡은 셈입니다.

이럴 때 중앙승가대학교 총장을 지내신 종법 큰스님 말씀이 떠오릅니다.

"도道가 업業을 이기기 어렵다."

그러니 내 '딴지 걸지 않기' 수행은 언제쯤 제자리를 잡을지 모르겠습니다.

헛것과
실제

어릴 적 학교 마당에 바닷모래가 쌓여 있었다. 아마
시멘트 공사에 쓰일 모래였던 것 같습니다.

그 바닷모래에서 두꺼비집을 만들며 놀곤 했는데,
어쩌다 모양이 잘 보존된 조가비나 성게 껍데기가
나왔습니다.

나야 바닷가 출신에다가 서울로 전학 온 아이여서
이런 껍데기에 시큰둥했지만, 다른 아이들은 신기
해하며 연필이나 지우개 등을 주고 서로 사고팔기도
했습니다. 그러니 쉬는 시간만 되면 모래를 파고 조
가비나 성게 껍데기를 주우며 시간을 보내는 아이들
도 생겼습니다.

시간이 갈수록 그 껍데기들을 갖고 싶어 하는 아이들은 늘었고, 값은 더 뛰어 처음에는 연필 하나 값이었다가 두 개 값이 되고, 기어코 파카 만년필 하나 값까지 뛰었습니다. 너나나나 모두 희귀한 껍데기를 갖고 싶어 했으니까요.

그러다 방학이 되고 아이들은 학교에 나오지 않게 되었습니다. 이제 조가비도 잊히고 성게 껍데기도 기억에서 멀어졌습니다. 다시 개학이 되어 아이들이 학교에 왔지만, 이제 더 이상 그런 걸 갖고 싶어 하는 아이는 없었습니다. 결국 형의 만년필을 훔쳐와 성게 껍데기로 바꾼 아이는 성게 껍데기가 부서지자 형에게 얻어맞은 기억만 또렷이 남았습니다.

주먹만 한 다이아몬드도 내가 욕심 부리지 않으면 빵 한 조각만도 못하고, 그 귀하다는 침향도 영하의 날씨에 불 떼지 못해 얼어 죽을 처지에서는 땔감 한 아름보다 못합니다.

가상과 실제가 아삼아삼합니다. 가상을 사려고 실제를 지불하던 일이 큰 인기를 끌다 쪽박을 차는 일로 벌어지고 있습니다. 가상화폐 이야기입니다.

매화나무 베기

처음부터 허황된 꿈이 될 수 있겠다 싶었습니다.

물론 이 허황된 꿈을 이용해 부자가 된 이들도 존재합니다. 하지만 그 허황된 꿈을 따라가다 이제 쪽박을 차게 된 이들이 부지기수로 나오게 되었으니 안타깝기 그지없습니다.

어디 가상화폐만 허황된 것이던가요? 실제 화폐는 허황되지 않던가요? 돈을 벌려고 돈으로 사지 못할 인생을 낭비하며 사는 사람들 또한 부지기수입니다. 죽음을 눈앞에 두고서야 참 부질없다고 토로하게 되는 상황이 반복되고 있습니다.

자식에게 남겨주면 행복할 것이라고 믿는 헛꿈도 꿉니다. 인생 행복하게 살다 간다는 고백은 유산의 많고 적음에 상관없다는 걸 알면서도 그 짓을 하려고 합니다. 헛것을 얻으려고 잃어버리는 사랑은 또 얼마나 많고 비일비재하던가요.

눈이 쌓여 있었다

자랑

봄에 마을에 있는 작은 가겟집에 가니 아저씨가 자랑을 하였다.

"스님 사시는 하우스 앞에서 난을 캤는데, 6백만 원짜리였습니다."

거기에 난이 많다는 건 나도 아는 바였다.

"그래요? 축하드립니다."

나보고도 귀한 난을 찾을 수 있을 거라고 말했지만, 내 눈에는 모두 같은 난일 뿐이다. 귀한 난이라 하더라도 그리 비싼 이유도 사실 모르겠다. 누군가 비싸게 주고 사려는 이가 있었겠구나 하였다.

금덩이도 필요한 사람에게나 귀한 것이지 배고픈

눈이 쌓여 있었다

이에게는 한 덩이 찬밥보다 못할 때가 있고, 아무리 귀해도 눈에 넣을 수는 없는 법이다.

이쯤 되니 정작 귀한 게 뭔지 자꾸 어려워졌다.

맨스플레인

"아기가 몇 번이나 넘어져야 일어서 걸을 수 있는 줄
아니?"

"인간이 인간이 된 게 그저 된 줄 아니?"

"하나의 종이 멸종 위기에 처했을 때 죽기 살기로 몸
부림을 쳐 비약적 진화를 이룬 까닭이다. 그깟 어려
움에 다시는 좌절감을 느끼지 마라. 어려움을 즐겨
라, 알았지?"

내가 사중 직원에게 한 말이다. 이 말을 하고 돌아
서서 내 자신을 반성했다.

남성이 여성에게 잘난 체하거나 유식한 척하거나

눈이 쌓여 있었다

권위적으로 설교하는 걸 '맨스플레인mansplain'이라고 한다. 그러고 보니 내게도 그런 성향이 다분한 것 같다. '내가 설명해줄 테니 너는 듣고 배워라' 하는 행태다. 보통 '선생질'이라고 하기도 하는데, 이 병이 들면 참 안 고쳐진다.

특히 목회자나 스님들에게 만연한 병인데, 어쭙잖은 충고에 맛 들리면 자기 자신도 자신에게 속기 일쑤다. 『사십이장경』에도 '아라한이 되기 전에는 자기 마음을 믿지 말라'는 가르침이 있다. 그래서 종종 내 자신에게 깜짝깜짝 놀란다. 별로 아는 것도 없으면서 아는 척할 때가 다반사기 때문이다.

제행무상을
겪다

간밤 잠결에 멋진 시를 읊고는 무릎을 쳤건만, 깨고
앉아 생각하니 뭐라 했는지 도통 떠오르지 않았다.

다음 생은 태어나지 말아야지 하던 사람에게 태어
나도 걱정 없음은 기억하지 못할 것이라 하였던 말,
꿈이 별 것 없어 그저 꿈임을 증명하였다.

어디 다니러 갔다가 고양이알레르기로 고생을 좀
했다. 체질도 자꾸 바뀌는지 에스프레소 한잔 밤에
마셨다가 새벽까지 잠을 못 잤는데, 고양이알레르기
까지 앓으니 저녁이 되자 거의 실신상태가 되었더
랬다.

죽었다 다시 나는 걸 '몸이 바뀐다'고 한다지만, 살

아가면서도 몸이 종종 바뀐다. 생전 옻을 타지 않았는데 산에서 옻나무만 만져도 옻이 오르고, 고양이 알레르기도 생기고, 커피를 대접으로 마셔도 잠만 잘 자던 체질이 새벽까지 잠 못 이루는 사람이 되었다.

몸도 바뀌고, 생각도 바뀌고, 현상도 바뀌는 걸 실감하는 게다. 제행무상諸行無常에 대한 별스런 해석이 필요 없게 되었다.

눈이
쌓여 있었다

여닫이 새벽 방문을 여니 눈이 쌓여 있었다.

문살에 한지 닮은 희고 겸손한 고백이었다.

무겁고 두터운 습설이었다.

나가 몇 걸음 걸어보다 도망치듯 돌아왔다.

어지러운 발걸음이 누군가에게 가 닿지 않을까 하는 염려 때문이었다.

어스름 동이 트기를 기다렸다 목욕탕이나 갈 요량이었다.

삭발도 하고 수염도 밀어야 사람 몰골이 될 듯하였다.

그런데 언덕을 오르려다 차가 그만 자꾸 미끄러졌다.

두텁게 내린 하얀 자기 고백 앞에선 길이 끊기는 법이었다.

새벽 방문을 연 순간부터 어스름 동이 트는 길에 이르기까지 기약 없는 기다림도 덮여 있었다.

기약이 없어서 그만둘 수 없는 사랑도 설핏 얼어 있었다.

모두 조금 늦어질 인연이라고 믿어보는 것이었다.

아침에 차를
대접하다

바쁜 마음 잠시 쉬라고 아침에 차를 대접한다.

내게 올리는 공양이다.

나를 향한 공경은 차를 통해 타인을 향한 공경과
다름없는 까닭이 된다.

그대와 나를 굳이 나누지 않는다면 말이다.

그러니 자신에게나 타인에게 부정적인 말은 아예
하지 말 일이다.

미운 말도 말고, 원망의 말도 말 일이다.

사람은 마냥 불쌍한 존재다.

눈이 쌓여 있었다

과거에 더 보탤 것 없고, 현재는 지나가버린다.

미래는 아직 오지 않았다.

그러니 미운 말이나 원망은 그냥 둘 일이다.

무슨 과보를 맺을지 아무도 모른다.

그냥 두면 햇볕 아래 눈처럼 저절로 녹아버리리라.

솔방울
가습기

자고 일어나 불을 켜고 제일 먼저 본 것이 마음이
었다.
마음을 어찌 보느냐 묻는다면 아주 쉽다.
현상이 마음이다.
현상은 마음이 만든 것.
마음이 현상에 녹아들었으니 현상이 곧 마음이다.

눈이 쌓여 있었다

어제 찬바람 맞으며 사무실 보살님이 솔방울을 주워왔다.

따뜻한 물에 씻어 용기에 담아 건네준 것은 고운 마음이었다.

머리맡에 두고 자면 가습기 역할을 한다고.

그래서 마음의 어떤 것은 반쯤 말라 벌어졌다.

마음의 어떤 것은 아직 젖어 있었다.

어떤 마음의 일부는 귀엽고 앙증맞은 모습이었다.

마음이란 옹기종기 모인 어떤 사랑의 집합체였다.

내 쓸모를
살펴보다

엄동이 닥치면서 몸이 건조하였다.

등이 몹시 가려워 팔을 억지로 뒤로 돌려 손가락으로 긁다가 벽 모서리에 가서 비볐다.

깎아내지 않아도 좋을 모난 부분도 있었다.

그래서 쓸모라고 불렀을 테다.

눈이 쌓여 있었다

평안했으면
좋겠다

잘생겼다가 아니면 전부 못생겼다가 아니듯,

좋은 일이 아니면 전부 나쁜 일이 일어나는 건 아니다.

그냥 평안함이 나는 좋다.

행복하지 않으면 불행한 게 아니듯, 나는 마음 평안함이 그저 좋다.

어떤 이가 현실에 안주하는 마음 때문이 아니냐고 힐문할까봐 이런 생각들이 조심스럽긴 하다.

현실에 만족하는 마음으로 평안함만을 추구하는 것이 어쩌면 끊임없이 수행하는 정진바라밀과 상충되는 일이기도 하다.

선재동자가 53선지식을 찾아가는 여정이 정진바라밀을 상징하기 때문이다.

만족하는 마음이나 게으름을 말하는 해태심이 없다.

물이 정체되면 썩는다는 것쯤은 이미 알고 있다.

과거심도 없고 현재심도 없고 미래심도 없거늘

수행자가 무슨 안주하는 마음을 추구하겠는가.

그래도 변명은 하고 싶다.

요즘 사람들은 무언가 이루지 못하면 스스로 실패자라고 규정하기 십상이다.

성공이라는 걸 하여야 사람들에게 대접을 받는다.

사업에 성공해야 하고, 좋은 대학에 들어가야 하고, 제때 결혼을 하고 아이를 낳아야 정상적인 사람 대접을 받는다.

그러니 대부분의 사람들에게 상대적 박탈감은 심화되고 삶의 의욕이 없다.

뭔가를 이루기 위해 죽을힘을 다해도 이루기 어려운 삶을 살며 쉴 줄을 모른다.

쉬어가면 남보다 뒤쳐질까 염려만 쌓인다.

그러니 이런 세태에 "나는 마음 평안함이 그저 좋다"라는 고백이 큰 허물이 아니길 바란다.

눈이 쌓여 있었다

모든 사람들이 상대적 인식을 내려놓고 쉬었으면
좋겠다.
　　평안했으면 좋겠다.

지혜 종자는
바로
자비뿐

지혜란 무엇일까. 지혜로 깨달음에 이르고, 깨달아
야 부처를 이룬다.

　부처를 이룬다는 것은 해탈을 의미하기도 한다.
해탈이란 일체의 일이 멸하여 윤회 상속하는 몸이
없다는 말이다. 그래서 일반적으로 해탈하고자 하는
이는 생사를 싫어한다고 알고 있다. 생사를 싫어해
서 생사를 벗어나고자 하기 때문으로 여기기 때문이다.

　『대장부론』에서 제바 보살은 놀라운 말을 한다.

　'지혜 없는 이가 일념으로 생사를 싫어한다.'

눈이 쌓여 있었다

불교 공부를 설핏하신 분은 고개를 갸웃거릴 것이고, 불교 공부를 좀 깊게 하신 분은 고개를 끄덕일 것이다. 생사와 해탈이라는 두 가지에서조차 벗어난 이가 부처이기 때문이다. 그래서 보살은 생사윤회에 개의치 않는 존재다. 오로지 자비만을 중하게 여기기 때문이다. 자비로써만 중생을 구제할 수 있기 때문이며, 자비가 부처의 어머니이기 때문이다.

그래서 해탈의 맛이 아무리 감로와 같아도 보살에게는 소금 간이 안 된 좋은 음식같이 맛이 없다. 지혜로 해탈을 이루었다고 해도 시큰둥하다. 진정한 지혜로 여기지 않기 때문이다. 중생을 구제하고, 부처를 이루는 지혜 종자는 자비뿐이라고 믿기 때문이다.

불모대준제보살

역사적으로 부처는 석가모니 한 분이었다. 종교적으로 과거 7불이 있었고, 미진수 세계에 미진수 부처가 있었고 또 있을 것이다. 그런데 역사적인 부처만 본다면, 우리가 살고 있는 세계에 다시 부처가 출현할 일이 있을지는 알 수가 없다. 아마 불교가 사라지고 나면 다시 출현할지도 모를 일이다. 그 다시 출현할 다음 부처님의 이름이 미륵부처님이다.

이 말을 하는 이유는 변명을 하기 위해서다. 부끄러운 수행자의 변명을 누군가는 해야 하지 않을까 해서다.

수행자는 부처가 아니라 사람이라는 사실이다. 자

신의 번뇌에 휘둘리고 성내는 존재며, 뒷구멍에 돈을 쌓아놓고 욕심 부리고, 성욕에 휘둘리고, 받들기를 바라고 거만하며, 이익을 좇아 정치에 줄을 대는 존재들과 특별히 다를 것이라 여기는 것은 편견이다. 겉으로는 거룩한 척해도 불자가 바라는 부처는 절에 살지 않는다.

다만, 한 가지 변명은 있어야겠다. 누가 다음 부처님인 미륵일지는 아무도 모른다는 것이다.

어쩌면 불자란 미륵을 키우는 존재인지도 모른다. 키우다가 키우다가 끝내 미륵을 보지 못한다 해도 그 키우는 존재의 역할을 포기할 수 없는 노릇이다.

불자는 따라서 부처를 낳는 불모佛母가 된다. 다음 부처를 낳기도 전에 스스로 불임을 선택하는 일이 있어서는 안 된다. 부끄러운 수행자도 수많은 자식들 중에 하나이기에 그렇다. 자식이 많다보면 어떤 놈은 잘났고, 또 어떤 놈은 지지리 못난 놈이 있기 마련이다. 못난 놈 몇 때문에 수많은 미래 부처가 될 자식을 팽개칠 수는 없는 노릇 아니던가. 그래서 보살 아니던가.

『화엄경』「보현행원품」에 '깨달음은 중생에게 매였다'라는 말이 있다. 중생이 깨달음의 주체이자, 깨달음을 주는 존재라는 뜻이다. 절간의 스님이 불자를 키우는 게 아니라 불자님들이 스님들을 키워 부처로 만드는 뜻이라고 해석하면 어떨까 싶다.

　'불모대준제보살佛母大准提菩薩'이다. 재가 불자들이 수행자를 보더라도 언제 인간 만들까 염려하는 부모인 양 자비를 베풀어야 할 이유다.

모든 나무에 꽃 피던 날

초판 1쇄 펴냄 2018년 4월 20일
초판 5쇄 펴냄 2021년 2월 22일

지은이   도정
발행인   정지현
편집인   박주혜
펴낸곳   (주)조계종출판사

대   표   남배현
기   획   모지희
편   집   신아름
디 자 인   이선희
도서유통   조동규, 김관영, 조 용, 김지현, 서영주

출판등록   제2007-000078호(2007.4.27)
주   소   서울 종로구 삼봉로 81 두산위브파빌리온 232호
전   화   02)720 - 6107~9
팩   스   02)733 - 6708
구입문의   불교전문서점 향전 02)2031-2070

ⓒ 도정, 2018
ISBN 979-11-5580-106-2 03220